ESCATOLOGIA

REVELAÇÕES E JUÍZOS PARA O FIM DOS TEMPOS

Obra escrita por José Flávio dos Santos. Todos os diretos autorais foram contratualmente cedidos para o Instituto Bíblico das Assembleias de Deus, nos termos do artigo 49, da Lei 9.610/98 (Lei de Direitos Autorais).

EAD - ENSINO MÉDIO TEOLÓGICO A DISTÂNCIA

©2008, José Flávio dos Santos
Título original:

Escatologia - Revelações e Juízos para o Fim dos Tempos

15ª Reimpressão 2023

Todos os direitos reservados por
IBAD
Rua São João Bosco, 1114 – Santana
12403-010 – Pindamonhangaba, SP
Tel – (12) 3642-5188
www.ibad.com.br

Impresso no Brasil

Coordenação
Pr. Mark Jonathan Lemos

Todas as citações bíblicas foram extraídas da versão revista e corrigida, salvo indicação ao contrário.

Dados Internacionais de catalogação na publicação (cip)
(Câmara Brasileira do Livro, SP, Brasil)

Santos, José Flávio dos

Escatologia: Revelações e Juízos para o Fim dos Tempos

Pindamonhangaba: IBAD, 2008

ISBN – 978-85-60068-19-7

Índice para catálogo sistemático
Escatologia: Teologia: Cristianismo: Religião

ESCATOLOGIA

REVELAÇÕES E JUÍZOS PARA O FIM DOS TEMPOS

Curso Médio de Teologia

EAD - ENSINO MÉDIO TEOLÓGICO A DISTÂNCIA

Sobre o livro

Categoria – Religião

Fim da execução – Setembro de 2008
15ª Reimpressão Novembro de 2023

Formato – 16 x 23 cm
Mancha – 12,3 x 19,2 cm

Tipo e corpo: Garamond 10
Papel: Offset 75 g/m2
Tiragem: 1500 exemplares

Impresso no Brasil – Printed in Brazil

Equipe de Realização

Produção gráfica: Imprensa da Fé
Supervisão: Pr. Mark Jonathan Lemos
Fotolito: MJ Serviços de composição

Produção editorial
Coordenação
Pr. Mark Jonathan Lemos

Revisão de Português
Sílvia Helena Siqueira

Capa
Heitor Galvão Souza

Sumário

Apresentação

Em 15 de Outubro de 1958, começavam a tomar forma o sonho e a visão dados por Deus aos missionários João Kolenda e sua esposa, Ruth Doris Lemos. Nesta data, nasceu o IBAD, com o objetivo de proporcionar aos jovens vocacionados a oportunidade de se preparem para melhor servir o Senhor.

Na trajetória destas cinco décadas, o IBAD tem se mantido fiel à sua missão. Hoje, mais de quatro mil ex-alunos trabalham na Seara do Mestre como pastores, missionários, evangelistas, autores, conferencistas e em outras áreas do serviço cristão. Estes homens e mulheres atuam em todos os estados do Brasil e em 31 nações. O sol nunca se põe sobre os ex-alunos do IBAD.

Atento às necessidades educacionais da Igreja, o IBAD desenvolveu um projeto para atender um público que deseja um maior conhecimento e preparo na Palavra de Deus. Esse projeto é denominado Curso Médio de Teologia a Distância, apresentado em 24 livros que oferecem ao estudante a oportunidade de obter uma base sólida para o serviço cristão.

Essa coleção teológica é fruto de meio século de experiência, tradição e qualidade no ensino da Palavra de Deus. Os autores dessa coleção são professores e ex-alunos do IBAD, homens e mulheres ativos no ministério do ensino teológico, que promovem, dessa forma, a visão e a missão dessa Instituição.

Este livro foi escrito pelo pastor estudantil José Flávio dos Santos.

O apóstolo Paulo declara em IITm 2.15 - "*Procura apresentar-te a Deus aprovado, como obreiro que não tem de que se envergonhar, que maneja bem a palavra da verdade*". Tenho certeza que este livro, bem como toda a coleção teológica, será de grande valor para sua edificação espiritual e seu embasamento na formação ministerial.

Reverendo Mark Jonathan Lemos
Diretor do IBAD

Agradecimento

O IBAD é um projeto missionário, com meio século de atividade educacional dedicado à igreja brasileira. Somos gratos a Deus pela visão, dedicação e cooperação de igrejas e pessoas para com esta obra.

Em especial, fazemos menção de um dos colaboradores, a Assembleia de Deus Cathedral of the Hills em Edmond, Oklahoma, liderada pelo Pastor Ron McCaslin e sua esposa, Marsha McCaslin. Através dos anos, essa igreja tem prestigiado fielmente a Obra de Deus em Pindamonhangaba, especialmente com a implantação do Curso de Teologia a Distância, quando cooperou para que este livro fosse publicado.

Externamos nossos agradecimentos a essa igreja, seu pastor e sua liderança pela participação neste projeto. O Senhor continue abençoando e prosperando ricamente esse ministério.

No Amor de Cristo!
Mark Jonathan Lemos
Diretor

Como estudar a distância

Caro estudante,

Nosso curso a distância foi estruturado com o objetivo de atender a todos que desejam ter maior entendimento sobre a Bíblia. Para atingir esse objetivo, tivemos o cuidado de planejar e produzir um material adequado para proporcionar a você a melhor experiência educacional possível. Nesse planejamento, chegamos à conclusão de que os livros deveriam não só ter um bom conteúdo, mas também ser acessível a todas as pessoas que desejam ter maior conhecimento das Escrituras Sagradas. Também observamos a necessidade de atender pessoas de qualquer região do país, com diferentes níveis de conhecimento. A partir de tais critérios, desenvolvemos uma coleção de vinte e quatro livros, a qual se constitui em um curso de Teologia a distância.

Esses vinte e quatro livros, escritos de forma clara e objetiva, apresentam, de modo geral, vinte capítulos divididos em quatro unidades. Em cada unidade e em cada capítulo, há sempre uma introdução para que o leitor tenha ciência do que estudará naquela unidade e naquele capítulo. Tudo isso foi realizado com o intuito de facilitar a leitura. Com esse mesmo intuito, solicitamos que você observe as orientações para o estudo.

1- Recomendações para melhor aproveitamento de seu curso

Esse estudo requer atitudes próprias de qualquer estudante, porém ele tem como objetivo essencial abençoar sua vida cristã e dar-lhe instrumentos para que você desenvolva o ministério cristão com maior eficácia. Isso implica que serão necessárias, de sua parte, atitudes espirituais corretas, tais como:

1) Ore sempre antes de começar a lição. Isso preparará o seu coração para receber não apenas as informações, mas principalmente os princípios que serão úteis na sua vida com Deus.

2) Tenha o cuidado de sempre consultar a Bíblia. A leitura bíblica é primordial e insubstituível. Quanto mais você conhecer a Bíblia pela leitura diária, mais facilidade terá na compreensão de estudos que lhe auxiliarão no conhecimento dela.

3) Tenha sempre uma atitude de humildade. Deus revela verdades importantes àqueles que mantém essa atitude em seus corações.

Além desses cuidados, atente também para a dedicação, a disciplina e a perseverança, atitudes essenciais para a obtenção de êxito em todas atividades. Ao iniciar este curso de Teologia, conscientize-se da importância da manutenção desses princípios para o sucesso de sua aprendizagem. Concentre-se sempre no que estiver fazendo, pois a vida está no presente. O passado é a fonte das experiências, e o futuro, um tempo que deve ser planejado para que, quando transformado em presente, possibilite a colheita do que foi plantado, isto é, a obtenção dos resultados desejados. Se mantivermos tudo isso em mente, teremos sempre grandes chances de alcançarmos nossos objetivos.

2- Regras Básicas para a Compreensão do Texto

A leitura bem sucedida – compreensão de texto - requer do leitor a observância de alguns procedimentos básicos. São eles:

• Leitura do texto – Ao iniciar seu estudo, preste atenção à apresentação do livro e à introdução de cada unidade e de cada capítulo. Isto é importante porque essas introduções facilitarão sua compreensão do texto.

• Leitura de unidades de pensamento – A leitura de palavras, ao contrário da de unidades de pensamento, faz com que o leitor interprete um texto erroneamente. Isto significa que não devemos ler palavra por palavra e sim atentar para a idéia geral do texto.

• Conhecimento do vocabulário – O conhecimento do significado das palavras auxilia todo o processo de leitura. Por isso, tenha sempre à mão um dicionário da língua portuguesa e também um dicionário ou enciclopédia bíblica. É importante que essa consulta ao dicionário seja feita somente após uma primeira leitura do texto para que você não corra o risco de fazer uma leitura com interpretação inadequada.

• Leitura de diversos tipos de texto – A diversidade de textos permite que o leitor não só amplie seus conhecimentos, como também adquira maior habilidade para leitura. Procure ler outros livros que falem sobre o mesmo assunto.

3- Aplicação Pessoal

• Questões para reflexão – Em todos os capítulos, há questões com o objetivo de levar o estudante a refletir sobre os temas abordados, bem como fazer uma aplicação dos mesmos à realidade atual.

• Exercícios – No final de cada livro, o estudante encontrará exercícios relacionados a cada capítulo estudado para a verificação do conhecimento e fixação do conteúdo.

Introdução

O homem, a partir do momento em que foi criado por Deus, passou a ter uma perspectiva de vida constante e progressiva, fato esse que o levou a estar com o olhar fixo no horizonte a contemplar o futuro, o seu futuro! Antes de se rebelar contra o seu Criador, o seu futuro era de paz, alegria e harmonia, sem dor, sofrimento ou cessação da vida. Porém, com a entrada do pecado no cenário humano, tudo mudou, o futuro se tornou obscuro, incerto e tenebroso, pois, agora, o homem teria que conviver com uma realidade dura e repugnante: a morte. Muitas perguntas surgem no coração do homem: para onde vou após a morte? Como é a experiência do pós-morte? Até onde iremos? O que nos reserva o futuro? O fim de tudo é real? São essas e muitas outras dúvidas que o deixam ansioso por respostas a ponto de ir em busca de soluções. Por causa dessas ansiedades, muitas portas foram abertas para que o inimigo de sua alma, o Diabo, encontrasse terreno fértil para disseminar seu intento maligno e levar o homem a se distanciar cada vez mais do seu Senhor.

As Escrituras Sagradas, nos seus dois Testamentos, falam de predições futuras, de restauração da humanidade e aponta para um futuro no qual tudo será renovado e livre do pecado; um tempo em que a morte não mais existirá e o homem viverá para sempre na presença de

Deus, ainda que tenha provado a morte, ressurgirá para a vida eterna. Contudo, essa restauração não será para todos, mas somente para aqueles que aceitarem a Jesus Cristo como Senhor e salvador; para os que O rejeitarem, um futuro de destruição, abandono e vergonha eterna. Por isso, saber o que a Palavra de Deus diz acerca do futuro é importante para o cristão fortalecer a sua fé, manter viva a esperança da salvação em Cristo Jesus, manter uma vida de constante vigilância em santificação, adorando a Deus em todo tempo e lugar e saber que haverá um dia em que os ímpios prestarão contas diante do Todo-Poderoso de todos os seus atos. A disciplina bíblica que trata de todas essas questões é chamada de Escatologia, que é o objeto de estudo deste livro.

Para facilitar o estudo, dividimos o livro em quatro unidades, sendo que cada uma delas tem cinco capítulos. A primeira unidade traz o seguinte título: Escatologia: Doutrina e Interpretação. Nela abordaremos os assuntos: Doutrina, aspectos históricos, técnicas na análise da Esca-tologia, o processo para sua interpretação e a importância das visões de Daniel para entendermos essa disciplina. Na segunda unidade, estudaremos sobre "O Arrebatamento da Igreja". Discutiremos os sistemas de interpretação de uma maneira geral, destacaremos o pré-milenismo e o pré-tribulacionismo, o conceito de "parousia" e os sinais que antecedem a Vinda de Cristo. Na terceira unidade, vamos discorrer sobre o que é a morte e quais suas implicações para o crente; falaremos sobre a ressurreição que é a esperança dos salvos; enfocaremos o destino eterno dos salvos e dos ímpios e apresentaremos tratados sobre o Tribunal de Cristo e as Bodas do Cordeiro. Por fim, na última unidade, trataremos do período da Grande Tribulação, da Batalha do Armagedon, do Milênio, Juízo Final e finalizaremos com um estudo sobre a Eternidade.

Desejamos, de todo coração, que ao terminar este estudo o estudante deseje ardentemente servir melhor a Cristo, fazer a obra de evangelização para alcançar o maior número de vidas possível para o Reino de Deus e se dedicar ao máximo para ser usado pelo Senhor nesta Terra, além de viver em constante vigilância, oração e consagração, tendo no seu coração amor e temor para que aquele dia não o surpreenda, mas que esteja preparado para ir ao encontro do Senhor Jesus.

ESCATOLOGIA: DOUTRINA E INTERPRETAÇÃO

Conhecer os acontecimentos futuros é algo que fascina o homem e o leva a buscar esse saber não importando em qual fonte buscar, o que acaba abrindo espaço para Satanás disseminar seu intento maligno e levar o homem ao erro, conduzindo-o pelos caminhos da adivinhação, idolatria e feitiçaria. A Escatologia é uma disciplina bíblica que trata dessas questões relacionadas ao destino da humanidade, do futuro da Igreja como noiva do Cordeiro, do desfecho final da história do homem que se rebelou contra Deus, do destino final de Satanás, dos demônios, da morte e do inferno. Portanto, nesta unidade, apresentaremos o significado do termo "escatologia" e o seu desenvolvimento histórico e analisaremos métodos, escolas e sistemas de interpretação escatológicos, o que nos ajudará na compreensão dessa tão importante doutrina bíblica. Abordaremos ainda temas relacionados às Setenta Semanas de Daniel que são importantes para a compreensão do futuro.

CAPÍTULO 1

A Doutrina da Escatologia

O conhecimento sobre o futuro e o desenrolar de seus acontecimentos atiça o imaginário das pessoas, principalmente aquelas ligadas aos fenômenos sobrenaturais como adivinhações e predições do que acontecerá ao tempo do fim. Essa ansiedade por descobrir o futuro conduziu pessoas ligadas ao misticismo e estudiosos a uma busca constante para decifrar o enigma do destino eterno de todas as coisas. Esse desejo de conhecer o amanhã não se restringe aos tempos modernos, mas, desde os primórdios, a humanidade desenvolveu meios para descortinar esse amanhã e dentre eles citamos alguns: a Astrologia, adivinhação por meio do estudo e da posição dos astros celestes; a Quiromancia, predições mediante as linhas da mão; Necromancia, revelações feitas por espíritos de pessoas mortas e Profecias apocalípticas que, por meio de uma linguagem simbólica, aponta o desenrolar do futuro. Dentro do círculo cristão, esse desejo permanece e fascina a grande maioria dos que professam a fé em Cristo, conduzindo, infelizmente, a uma interpretação espúria dos textos bíblicos que dizem respeito às predições do tempo do fim. Para solucionar o problema e evitar distorções que comprometam as Escrituras Sagradas e confundam os crentes, surgiu um estudo específico sobre esse tema dentro da Teologia Sistemática, intitulado Escatologia. Portanto, neste capítulo, com o objetivo de esclarecer o significado dessa doutrina bíblica, definiremos o termo, abordando a importância do seu conhecimento para a vida cristã e qual a sua relação com Jesus Cristo.

1.1. A Escatologia

A Escatologia é uma palavra originária do grego antigo "**scatos**" (eschátos), que significa "último", junto ao sufixo "logia", com o significado de "tratado" ou "estudo". Com essas especificações o resultado fica da seguinte forma: "tratado ou estudo a respeito das últimas coisas". Fazendo uma análise geral, pode ser vista, nesse estudo, como uma ramificação da teologia e da filosofia. Primeiro porque analisa os últimos acontecimentos da história da humanidade e o seu destino final do ponto de vista religioso, fazendo menção de escritos sagrados. Segundo porque lança mão de especulações e inquirições com base na gnosiologia, ou seja, saber filosófico. Basicamente, a Escatologia trata daquilo que amedronta a todos os seres humanos: "o fim do mundo". É importante estudar essa doutrina, pois ela apresenta, de maneira sucinta, quais serão os últimos acontecimentos da história e o destino eterno de cada criatura inteligente de Deus, apontando para o desfecho final do atual ciclo histórico da humanidade. Esse destino final, que tanto fascina, é apresentado em forma de material preditivo na revelação divina e é tão importante que ocupa espaço considerável na doutrina das últimas coisas, motivo pelo qual se faz necessário empreender esforços para interpretar corretamente os textos sagrados que dizem respeito a revelações proféticas e analisar criteriosamente supostas revelações oriundas das mais variadas religiões que existem, com seus respectivos gurus que afirmam possuir o conhecimento das últimas coisas.

Por ser um tema relevante para o crente e tendo como principal fonte de informação o Texto Sagrado, a maior preocupação do ensino escatológico é fornecer a correta interpretação das narrações bíblicas proféticas. Embora no princípio da Era da Igreja Cristã não houvesse um aprofundamento sobre o tema escatológico, o que veremos um pouco mais adiante, fez-se necessário nos últimos séculos um conhecimento mais criterioso e substancial, em virtude de que muitos se aventuraram a decifrar os enigmas dos escritos apocalípticos, incorrendo em erros que trouxeram grande desgaste para a espiritualidade de muitos, quando, ao invés de esclarecer, lançaram dúvidas e medos sobre as pessoas, principalmente para os que professam a crença em Cristo. Necessário é dizer que a Escatologia não se circunscreve somente aos acontecimentos referente à história da Igreja e ao destino final dos homens; ela aponta para o início de outro ciclo, uma nova era que se desenrolará na eternidade, ou seja, as predições apocalípticas tratam do fim de uma era, mas apresentam o início de outro momento. O apóstolo João, em uma de suas visões do futuro, escreveu em Apocalipse 21:1-5:

> *E vi um novo céu e uma nova terra. Porque já o primeiro céu e a primeira terra passaram, e o mar já não existe. E eu, João, vi a Santa Cidade, a nova Jerusalém, que de Deus descia do céu, adereçada como uma esposa ataviada para o seu marido. E ouvi uma grande voz do céu, que dizia: Eis aqui o tabernáculo de Deus com os homens, pois com eles habitará, e eles serão o seu povo, e o mesmo Deus estará com eles e será o seu Deus. E Deus limpará de seus olhos toda lágrima, e não haverá mais morte, nem pranto, nem clamor, nem dor, porque já as primeiras coisas são passadas. E o que estava assentado sobre o trono disse: Eis que faço novas todas as coisas. E disse-me: Escreve, porque estas palavras são verdadeiras e fiéis.*

Nesse texto, claramente se vê a menção de um novo momento histórico para a humanidade. Porém, ele se refere a um espaço temporal na eternidade com o Senhor. Desse momento em diante, é precipitado emitir qualquer afirmação sobre o que acontecerá ou o que se espera para os homens, pois a Bíblia não é plena no esclarecimento, e onde a Palavra de Deus silencia, só podemos especular, o que deve ser feito com responsabilidade e temor. O que a Escatologia realmente faz é tentar, com toda humildade e cuidado, perscrutar os desígnios do Senhor expresso na Sua Palavra, que escreveu tanto o primeiro como o último capítulo da história de todas as coisas, porém isso só é possível até onde Deus permite que busquemos. No primeiro livro da Bíblia, o Gênesis, há o relato de como tudo começou, desde o Universo até a criação do homem, sua queda e o trágico resultado da desobediência a Deus – a morte. Nos escritos proféticos, destacando o Apocalipse, é revelado como será a consumação de todas essas coisas. É interessante observarmos a própria disposição das Escrituras Sagradas: Gênesis, o primeiro livro, fala de começos; Apocalipse, o último livro, trata do fim.

Grande parte das profecias bíblica já se cumpriu, principalmente aquelas relacionadas ao Messias. As predições bíblicas escatológicas, algumas também já se cumpriram, como a destruição de Jerusalém no ano 70 a.D. pelo General romano Tito, a qual fora predita pelo próprio Senhor Jesus (Lc 19:41-44). Percebemos hoje que todas as predições estão se cumprindo, o que deixa clara a proximidade do desfecho final. Por isso, o crente deve ter um olhar clínico sobre o que acontece à sua volta, isto é, entender o tempo presente no qual está inserido. Por exemplo, quando o tempo se fecha e as nuvens escuras aparecem, sabemos que vai chover. Do mesmo modo, ao olharmos para os acontecimentos atuais, percebemos que Jesus está prestes a voltar. A Escatologia é semelhante a um telescópio potente que aproxima a realidade distante, trazendo para tão perto que parece já estar acontecendo.

1.2. Jesus e sua relação com a Escatologia

Jesus é ponto central da Escatologia, pois, antes da fundação do mundo, Ele já havia sido entregue para resgatar a humanidade que se perderia por causa da desobediência à Palavra de Deus. Em toda a Bíblia, o tema central é sobre o Messias, aquele que viria para resgatar não só o povo de Israel, mas toda a humanidade, visando redimir os homens e nortear a humanidade, conduzindo-a de volta ao Seu Criador, para com Ele viver em harmonia e paz. Para concretizar esse plano de resgate, o Messias é apresentado com um tríplice ministério: Rei, Profeta e Sacerdote.

a) Rei: O povo de Israel esperava um Messias político, que governaria Israel e os colocaria por cabeça sobre todas as nações, livrando-os do jugo pesado dos inimigos. Essa esperança era fomentada entre os judeus que estavam exilados em Babilônia e, por ocasião da libertação através do Rei Ciro (538 a.C.), eles esperavam a renovação do reino de Deus que seria possibilitada pelo Messias, entronizado em Jerusalém, no trono de Davi, e jamais seriam novamente subjugados por qualquer outra nação. Porém, mais tarde acabaram sendo dominados por outro povo, os gregos, e depois desse vieram os romanos que governaram com mão de ferro. Apesar de inúmeras tentativas de libertação por parte de alguns grupos, não conseguiram se ver livres da dominação. Israel ansiava por um libertador político que para eles viria quando o Messias se levantasse sobre a terra. Isso realmente aconteceu, Ele veio e se levantou, caminhou sobre a terra, fez maravilhas, prodígios, milagres e curava as almas feridas de todos que se aproximavam dele, seu nome era Jesus. Mas, nem de longe era o Messias esperado pelo povo judeu, pois suas características não se coadunavam com o pensamento deles: não veio para guerrear com armas materiais, não veio para conquistar um reino terreno, mas para implantar o reino espiritual de seu Pai, Deus. Naquele momento, eles não compreenderam a magnitude do trabalho do Messias e deixaram escapar a oportunidade, porém todos que recebessem seu reinado espiritual se tornariam filhos de Deus, como diz a Escritura em João (1:12): *"Mas a todos quantos o receberam deu-lhes o poder de serem feitos filhos de Deus: aos que crêem no seu nome"*. Jesus, como Messias, não veio simplesmente livrar Israel do jugo político de Roma, mas para libertar toda a humanidade do jugo de Satanás. Ele conquistou isso na cruz do Calvário e reina no céu à direita de Deus-Pai e concede a todos os crentes a vitória sobre o Império do Mal. Ele é o Rei escatológico, que trará e manterá o reino de Deus por toda a eternidade.

b) Profeta: A vontade de Deus e seus desígnios para Israel eram manifestados verbalmente pelos profetas, homens levantados pelo Senhor para ouvir dEle e transmitir ao povo a mensagem divina. Israel tinha noção de um profeta que viria, o qual seria maior do que Moisés. Na concepção judaica, esse profeta seria o Messias, seu libertador. Esse profeta, tal qual esse legislador, falaria com Deus face a face. Na verdade, Jesus, como profeta, não só falava face a face com o Senhor, como Ele próprio era Deus. Enquanto esteve aqui na terra, ocupou-se em anunciar a todos as boas-novas de salvação. Jesus, como Verbo encarnado, trouxe Deus para estar entre os homens e manifestar Sua vontade para com todos. Quando Ele fala, é Deus expressando seus desígnios para com quem o ouve. Quando de sua vinda a esta terra como Filho de Deus, gerado no ventre de Maria, Jesus se tornou um ser com duas naturezas: uma divina e uma humana. Essa particularidade possibilitou, pela sua morte e ressurreição, que toda a humanidade fosse resgatada, os que aceitassem seu sacrifício e seu senhorio.

c) Sacerdote: Israel estava muito bem familiarizado com o ofício sacerdotal, pois sua vida religiosa e política girava em torno de sua religiosidade e o sacerdote tinha a incumbência de interceder pelo povo diante de Deus através do trabalho na casa do Senhor. Enquanto o profeta ouvia de Deus e transmitia ao povo, o sacerdote recebia do povo e apresentava diante de Deus; era um trabalho intercessor. Portanto, na visão judaica, o Messias seria o Sumo sacerdote, porém muito superior, pois levaria o povo direto à presença de Deus e sua intercessão levaria o Senhor a libertá-los das amarras do inimigo. Jesus é Sumo sacerdote, muito superior às expectativas de Israel, embora não tenham aceitado isso; Ele, como Sumo sacerdote, apresentaria diante de Deus o sacrifício para purificação e aspergiria o sangue no lugar santíssimo. Sua superioridade está no fato de ser, não somente o oficiante, mas também a própria oferta; o sangue derramado não seria de nenhum animal, mas o dEle mesmo, e não precisaria repetir esse trabalho várias vezes, mas uma só vez, pois era sacerdote e holocausto eternos, realizando o trabalho não no Templo terreno, mas entrando no céu e lá se apresentando como Sumo sacerdote e como Cordeiro para expiar os pecados da humanidade, como está registrado em Hebreus 4: 14-16:

> *"Tendo, portanto, um grande sumo sacerdote, Jesus, Filho de Deus, que penetrou os céus, retenhamos firmemente a nossa confissão. Porque não temos um sumo sacerdote que não possa compadecer-se das nossas fraquezas; porém um que, como nós, em tudo foi tentado, mas sem pecado. Cheguemo-nos, pois, confiadamente ao trono da graça, para que recebamos misericórdia e achemos graça, a fim de sermos socorridos no momento oportuno."*

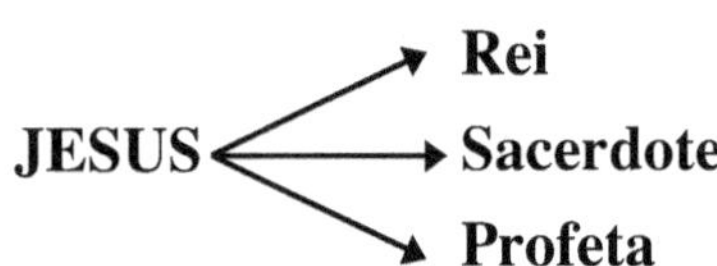

Concluímos que Jesus é o "escaton" (escháton), "o fim", ou seja, Ele é a consumação de todas as coisas; toda e qualquer existência, seja nos céus ou na terra ou debaixo da terra encontra nEle o seu fim ou a sua realização plena. Jesus é o começo e o fim; o Alfa e o Ômega. O desfecho final da história da humanidade tem íntima relação com sua pessoa. Suas qualificações demonstram que Ele é o início e o fim de tudo:

a) Semente da mulher
b) Profeta maior do que Moisés
c) Raiz de Jessé
d) Rei eterno da linhagem de Davi
e) Sumo Sacerdote eterno

f) Cordeiro de Deus

g) Messias de Israel

h) Rocha sobre a qual a Igreja foi edificada

i) Bom Pastor

j) Leão da Tribo de Judá

k) Salvador

l) Caminho que leva ao Pai

m) Porta de escape

n) Sol da Justiça

o) Santo de Israel

p) Noivo da Igreja

q) Príncipe da Paz

r) Senhor

s) Filho de Deus

t) Aquele que era, que é e sempre será

u) Primogênito de toda a criação

v) Pão vivo que desceu do céu

w) Água que sacia o sedento

x) Filho do Homem

y) Servo de Deus

z) Logos encarnado

A Bíblia diz que todas as coisas foram feitas por Ele e para Ele, como está registrado em Colossenses (1: 16,17). Portanto, como tudo saiu dele e lhe deve sua existência, também toda criação deve convergir para sua pessoa para que ele dê o destino final para cada criatura inteligente.

1.3. O Pensamento Escatológico das Principais Religiões

É necessário dizer que a maioria das culturas, senão todas, tem seu próprio contexto escatológico. Vejamos as principais:

• **Budismo:** o desfecho final chega quando atingem o Nirvana, palavra do sânscrito que significa "soprado para fora", ou seja, quando o indivíduo extingue todos os seus desejos, vivendo uma vida de desapegos a tudo aquilo que lhe possa dar prazer, pois a busca por ele é que leva o homem ao egoísmo, à inveja e à destruição; o Nirvana seria uma espécie de céu do budismo, ou o "fim", no sentido de atingir a perfeição.

• **Islamismo**: eles crêem em um dia na eternidade, em que estarão para sempre desfrutando de muito prazer, paz e felicidade; não por estarem toda a vida na presença de Alah, mas sim para desfrutarem de um paraíso sensual e machista onde os homens serão servidos por belas morenas de olhos como jabuticaba do melhor vinho. Por isso, eles são capazes de dar a própria vida. Portanto, na sua escatologia, aguardam o dia em que Alah colocará todos os inimigos debaixo de seus pés.

• **Judaísmo**: embora o Cristianismo tenha surgido no meio dessa religião, pois Jesus era judeu, os adeptos desse segmento religioso aguardam ainda a vinda do Messias, pois Cristo não foi aceito por eles. Para os judeus, o fim virá no momento em que Jeová, através do Messias esperado, dominará todo o mundo e colocará Israel por cabeça. A Escatologia desenvolvida por eles é temporal e política.

• **Espiritismo**: a sua esperança é semelhante ao Nirvana do budismo; crêem que através de sucessivas reencarnações, o espírito vai sendo aperfeiçoado até atingir a perfeição. Eles aguardam a vinda de um espírito evoluído que guiará toda a humanidade ao pleno desenvolvimento moral e espiritual.

• **Catolicismo**: crêem basicamente no que os evangélicos crêem; dizem ser a única e verdadeira igreja do Senhor Jesus e na teoria aguardam o arrebatamento e o fim dos tempos, porém, na prática popular, seus rituais assemelham-se ao espiritismo; tem simpatia pelas religiões orientais e as seitas têm caminho aberto entre eles, pois são simpatizantes e influenciadores do Ecumenismo, que preconiza a igualdade entre todas as religiões, ou seja, é o mesmo Deus manifestado de formas diferentes nas respectivas culturas. Crêem no fim do mundo mais por suas crendices populares do que pela doutrina da Escatologia. Na sua maneira de pensar, no final muitos terão uma segunda chance depois da morte, principalmente por terem como mediadora a mãe biológica de Jesus, Maria.

• **Hinduísmo**: é uma mescla da maioria das religiões e seitas, aliás, uma grande maioria saiu do seu meio. Eles acreditam em uma nova era de paz e harmonia envolvendo o homem e a natureza. A sua Escatologia é basicamente temporal, ou seja, o paraíso é aqui mesmo e aguardam o Avatar, espécie de Cristo, Messias ou Redentor da humanidade, que trará uma era de muito conhecimento e paz. Com ele a humanidade evoluirá.

Questões para Reflexão

Quando estudamos a Escatologia, adquirimos conhecimento sobre eventos futuros relacionados ao destino eterno de todos os seres inteligentes criados por Deus e conseqüentemente de toda a criação. Portanto reflita: de que maneira esse conhecimento influi na prática de vida cristã?

CAPÍTULO 2

Aspectos Históricos: Diacronia Escatológica

A Escatologia pode ser dividida em duas naturezas: individual e geral. Esta se refere à consumação da história da raça humana num contexto geral; aquela, ao fim da existência do indivíduo através da morte física que automaticamente o coloca na era futura. Após a morte, seu destino eterno está selado. Em relação à Escatologia Geral, o seu medrar demanda processo gradual no tempo, quer dizer, desenvolve-se ao longo das épocas, para que todas as suas partes se cumpram e se completem até chegar ao desfecho final. Assim sendo, ao lermos a Palavra de Deus, encontramos material escatológico de Gênesis a Apocalipse, o que pressupõe um desenvolvimento na história de redenção da humanidade. Ao analisarmos, do ponto de vista teológico, os acontecimentos históricos, percebe-se, com exatidão, a concretização da escatologia no tempo e no espaço. Há predições escatológicas que a própria Escritura Sagrada apresenta o seu cumprimento. É o caso do aparecimento do Messias, um acontecimento predito pelos profetas, fazendo parte da escatologia de Israel, que teve o seu cumprimento cabal quando do nascimento de Jesus, através da ação do Espírito Santo na vida de Maria, a jovem escolhida para ser a mãe do Salvador. Portanto, vislumbrar os acontecimentos históricos que se cumprem de acordo com a Escatologia é importante para o crescimento na fé. Neste capítulo, para melhor inteiração sobre o desenrolar escatológico, estudaremos as duas naturezas da Escatologia e a sua divisão histórica, caminhando passo a passo pela história até chegarmos, de acordo com as Escrituras, ao desfecho final.

2.1. A Classificação da Escatologia

Os fatos escatológicos podem ser divididos em duas naturezas: individual e geral. Importante dizer que a individual está contida na geral e uma depende da outra. A seguir, veremos em separado essa classificação.

2.1.1. Escatologia Individual: Louis Berkhof em seu livro sobre Teologia Sistemática afirma:

"Para o indivíduo, o fim da presente existência vem com a morte, que o transfere completamente da era presente para a futura. Na medida em que é removido da presente era, com o seu desenvolvimento histórico, é introduzido na era futura, que é a eternidade" (Teologia Sistemática, pg. 616).

Entendemos que a pessoa tem chances de nortear o seu destino eterno quando ainda em vida; após a cessação da vida física, não há mais como mudar a realidade final. Assim, quando a pessoa morre, podemos afirmar que para ela chegou o fim de uma era e início de um novo tempo. Ela sai da esfera escatológica presente e adentra a futura, ou seja, a geral. Esse espaço de tempo entre a sua morte e a ressurreição é a sua escatologia individual. As predições escatológicas, no seu contexto, desenvolvem-se no plano presente de cada geração; assim, cada geração tem participação nos eventos finais. Por exemplo, a Escatologia bíblica fala de um Messias que viria para cumprir todas as coisas e para dar um fim a tudo. Até chegar a esse ponto culminante, muitos acontecimentos ocorreram: a formação do povo de Israel no Egito, a sua libertação das mãos de Faraó, a sua rebeldia diante de Deus, a sua chegada à terra de Canaã, o seu primeiro Rei, a sucessão de reis, o pecado da nação, a queda diante da Assíria, o cativeiro babilônico, a libertação do cativeiro através dos Medos e Persas, o domínio grego, o controle de ferro de Roma e, por fim, para aquele tempo, o nascimento do Messias, Jesus. Na Escatologia individual, Cristo veio em um determinado tempo, caminhou nesta terra por aproximadamente 33 anos até que morreu na cruz do Calvário, saindo da esfera individual para ser lançado na geral e pelo seu sacrifício ser o redentor de toda a humanidade. Concluímos que o ser humano, depois de dar o último suspiro sobre esta terra, estará efetivamente com seu destino eterno traçado e será submetido ao Juízo Final. Os salvos estarão para sempre na presença de Deus desfrutando de sua companhia, glória e majestade; os ímpios, por toda a eternidade longe de Deus e desfrutando da companhia de Satanás e de seus anjos (caídos). A epístola aos Hebreus 9:27 e 28 ratifica essa afirmação:

"E, como aos homens está ordenado morrerem uma só vez, vindo depois disso o juízo, assim também, Cristo, oferecendo-se uma só vez para levar os pecados de muitos, aparecerá segunda vez, sem pecado, aos que o esperam para salvação."

2.1.2. Escatologia Geral: existe um desfecho final para a raça humana traçado pelo Criador. A prova disso é que todos os eventos escatológicos preditos, que fazem parte de um todo, já se cumpriram na sua maior parte até o presente, restando agora os últimos acontecimentos, os quais estão escritos na Palavra de Deus. Há uma sucessão de acontecimentos que chegarão ao ápice quando Cristo lançar no Inferno o arquiinimigo do homem, Satanás. O mundo está em uma marcha que parece não ter fim, já se passaram mais de dois mil anos e parece que a história não chega ao seu final por causa de seus ciclos que se abrem e fecham. Mas, percebe-se uma intensificação nos fatos desenrolados nesses ciclos que apontam para um ponto determinante. Para a história da humanidade, a Escatologia Geral está inserida em três fases:

a) Passado: após a queda do homem, foi prometido "um" que traria de volta a comunhão entre o Criador e o ser humano. Essa promessa fora feita lá no Éden e o seu cumprimento aconteceria no tempo de Deus (kairós, palavra grega que significa "tempo" em relação ao propósito divino) e os fatos se desenrolariam no tempo dos homens (cronos, "tempo" em relação ao homem).

b) Presente: esse momento se desenvolve no tempo e no espaço de cada geração. Os patriarcas, no passado, tiveram seu tempo presente; Israel também viveu o seu; a geração do nascimento de Jesus; a hora da Igreja primitiva, a Medieval e a Reforma; os grandes avivamentos; movimento pentecostal até a época atual e a geração que virá até Jesus voltar. As gerações da Grande Tribulação e do Milênio também terão sua história presente.

c) Futuro: fatos peremptórios do tempo do fim que apontam para um destino eterno com novo céu e nova terra onde habita a justiça de Deus; época na eternidade em que não haverá mais pecado, todos inimigos serão destruídos e o homem desfrutará para sempre da presença do Senhor. Esse futuro a que nos referimos é o desfecho final da história de redenção da humanidade. Toda a Escatologia se encerra aqui, quando Cristo entregará todo o governo a Deus-Pai.

> *"Então virá o fim quando ele entregar o reino a Deus o Pai, quando houver destruído todo domínio, e toda autoridade e todo poder... hora o último inimigo a ser destruído é a morte... E, quando todas as coisas lhe estiverem sujeitas, então também o próprio Filho se sujeitará àquele que todas as coisas lhe sujeitou, para que Deus seja tudo em todos."* (I Co 15:24,26 e 28)

2.2. A Divisão Histórica da Escatologia: Uma Viagem pelo Tempo

Ao analisarmos a história do ponto de vista cristão, identificaremos várias predições proféticas relacionadas à Escatologia que se cumpriram, estão se cumprindo e que estão para se cumprir. Como foi dito anteriormente, a Escatologia tem suas fases dentro de um desenvolvimento geral que acontece no decorrer da história humana. Para entendermos melhor esse processo, analisaremos, de maneira sucinta, os principais fatos ocorridos no decorrer dos séculos desde a Antiguidade até os dias atuais. Distinguimos seis principais períodos: Israel, primórdios da Igreja, consolidação do Cristianismo, Reforma, Grandes Avivamentos e dias atuais.

2.2.1. Pensamento Escatológico de Israel: no principal escrito dos israelitas, o Pentateuco, não há uma preocupação com a idéia sobre a vida depois da morte, há grande ênfase ao estado temporal da vida no qual o que importa é governar bem, trabalhar para o crescimento da nação, educar os filhos, oferecer sacrifícios a Deus como cumprimento de obrigações religiosas e, por fim, morrer com honra deixando grandes legados para a descendência. Nos Escritos e nos Profetas, há alguma menção aqui e ali, como no caso do profeta Elias que foi tomado para o céu estando ainda vivo, seria uma clara indicação de que há algo mais além-túmulo. O mesmo vale para a história de Enoque. Embora tenha esses exemplos, não percebemos acuidade nos ensinos sobre essas questões. Na verdade a escatologia de Israel se resumia tão somente ao apa-

recimento do Messias que os elevaria, não à condição celestial, mas à de governantes do mundo, dominadores da terra, tendo todas as nações debaixo de seus pés. Por isso, a dificuldade de aceitar um Messias manso e humilde que, ao invés de empunhar armas materiais para livrar o povo judeu do jugo pesado do inimigo, traz uma mensagem de fé, esperança e livramento do jugo de Satanás. Porém, aos poucos foram introduzindo nos seus ensinamentos a idéia da vida pós-túmulo, surgindo a doutrina da divisão do sheol, na qual havia dois compartimentos separados: de um lado e acima, o paraíso para as almas dos justos que descansam no seio do pai Abraão e, do outro, um lugar de tormentos e castigo para as almas dos ímpios, ensino em parte corroborado pelo próprio Senhor Jesus ao mencionar a parábola do rico e Lázaro (Lc 16:19-31). Isso porque no texto sagrado não há menção de uma divisão no mundo dos mortos, diz apenas que Lázaro morreu e foi levado pelos anjos ao seio de Abraão (nota-se que não diz que ele desceu ao Hades), mas, no caso do rico, foi sepultado e se achou no Hades, de onde **ERGUEU** (grifo do autor) os olhos e viu a Abraão e Lázaro no seu seio.

Nos escritos do Pentateuco, o livro de Gênesis faz alusão à semente da mulher, um filho varão que salvaria a humanidade. Esse homem viria ao mundo através da nação de Israel. Portanto, a escatologia de Israel apontava para o Messias, aquele que viria e restauraria todas coisas. A problemática é que o Messias escatológico de Israel já veio e eles não o perceberam e nem o aceitaram, motivo pelo qual, até os dias de hoje, mantêm a esperança messiânica. Contudo, haverá um tempo em que eles olharão para Jesus vindo do céu com poder e grande glória e O reconhecerão como o Messias de Israel (Mt 24:30).

2.2.2. Primórdios da Igreja: o início fora marcado por perseguições, inexperiência e outras dificuldades do momento, tendo como principal a perseguição infligida por Saulo de Tarso, o que ocasionou uma preocupação em lutar pela sobrevivência e ainda pregar o Evangelho. Os cristãos dessa época estavam dispostos a tudo pela fé em Jesus; tornara-se comum os mais abastados se desfazerem de suas riquezas e trazê-las aos pés dos apóstolos para serem divididas com todos; reuniam-se todos os dias e tudo lhes era comum. Essa maneira nova de viver era fruto de um desejo intenso de servir a Cristo, da convicção de que Ele ressuscitara, e o principal detalhe era que esperavam que o Senhor viesse já naqueles dias para buscar a sua Igreja. Como resultado disso, os esforços para propagar as Boas-Novas foram tantos que o mundo todo daquela época ouviu falar de Jesus em um espaço de tempo de aproximadamente 60 anos. A Escatologia da era apostólica era iminente, assim pensavam os apóstolos; o tão esperado fim estava à porta. Contudo, Jesus não voltou naquela época. Fez-se então necessário doutrinar os novos crentes que formavam a Igreja sobre a Escatologia cristã. Embora não houvesse um conhecimento dogmático e sistemático, tinham alguma noção dela como: a vida não cessava com a morte física, haveria julgamento de todos os homens; a ressurreição era uma realidade e Cristo viria para buscar o seu povo para levá-lo à glória e estar com Ele por toda a eternidade. Esse pensamento perdurou até o fim da era apostólica e se estendeu até o segundo século da era cristã. Como não aconteceu o que eles esperavam, ou seja, a volta rápida de Jesus naqueles dias, a atenção se voltou para a sistematização da doutrina cristã para fazer frente às perseguições de fora e heresias que surgiam dentro da própria igreja, o que fez com que a doutrina da Escatologia não fosse plenamente desenvolvida nesse período.

2.2.3. Consolidação do Cristianismo: como Jesus não veio na era apostólica e a igreja começou a ser perseguida de maneira mais intensa[1], os cristãos dos primeiros séculos tiveram que tomar algumas precauções para o bom andamento da obra de Deus tais como:

• Desenvolver uma doutrina sistematizada;

• Fechar o cânon, ou seja, deliberarem sobre quais livros seriam aceitos como inspirados por Deus;

• Formar o Credo, para saber no que realmente criam os cristãos, evitando que o Evangelho fosse deturpado;

• Um sistema eclesiástico, pois o número de fiéis aumentava, igrejas eram fundadas e havia a necessidade de pessoas preparadas, vocacionados para dar continuidade ao trabalho e para que a Igreja fosse um sistema organizado.

Segundo a história, a igreja sofreu grandes perseguições nos primeiros séculos. Assim relata a professora Marta Suana:

---

1 Para maiores esclarecimentos, consultar o livro História da Igreja da professora Marta Suana Unidade I capítulos 3 e 4; que faz parte desta coleção do curso básico em Teologia do IBAD.

"Durante os anos 100-313 d.C., as perseguições não foram ininterruptas e em todos os lugares ao mesmo tempo. Elas foram esporádicas e locais. Alguns períodos foram marcados por intensas perseguições enquanto outros por calmarias e desinteresse por parte do governo em relação aos cristãos."[2]

Devido a essas perseguições, surgiram expectativas escatológicas que levaram os crentes dos primeiros séculos a acreditar na proximidade imediata do fim do mundo; uma grande maioria acreditava que o fim viria logo após suas mortes. Vejamos alguns desses pensamentos:

• *Em 130 d.C., Justino, o Mártir, cria que o fim do mundo demoraria a acontecer porque o Senhor Deus tinha como meta fazer do Cristianismo uma religião mundial.*

• *Para o Bispo de Cartago, Cipriano (250 d.C.), o que demonstrava a brevidade do final dos tempos era a conduta pecaminosa dos cristãos.*

• *Outros, com base nas tradições judaicas, marcaram o "fim" para a sexta idade do mundo, chegando, segundo seus cálculos, à data de 202 d.C.*

• *À época do Imperador Constantino (313 d.C.), houve uma cristianização do império por causa da conversão desse imperador, cessando de vez as perseguições externas, porém as conversões não eram verdadeiras, mas apenas por conveniência, visando agradar a Majestade. Como conseqüência, a igreja se tornou fria e mundana; para muitos era uma clara indicação do tempo do fim.*

• *Algum tempo depois, escritores católicos marcaram o fim do mundo para o ano 500 d.C.*

• *Com a aproximação do ano 1000 da era cristã, a expectativa do fim do mundo retomou o imaginário dos crentes. Parece que datas fechadas ou zeradas aguçam a mente das pessoas e esse pensamento afetou a arte, cultura e religião da época. As atividades culturais e artísticas nos mosteiros da Europa estavam acabando.*

• *Eric Russell, em seu livro Astrology and Prediction, escreve que havia uma expressão muito comum na segunda metade do século X, principalmente nos testamentos, que era a seguinte:* **"Em vista da proximidade do fim do mundo..."**, *deixando claro*

---

2 História da Igreja, Marta Suana, IBAD pg. 37

que havia essa expectativa e parecia ser comum para as pessoas a espera desse evento escatológico.

Em resumo, Jesus não veio buscar o seu povo e nem aconteceu o fim tão esperado.

2.2.4. Período da Reforma: depois de algumas marcações para o fim dos tempos, como foi visto no ponto anterior, as predições escatológicas foram postas de lado e com o passar do tempo abandonadas, pois se todas as predições falharam e Cristo não veio, era sinal de que esse tempo estava muito distante; além do mais, frustradas as expectativas do fim, os cristãos voltavam à realidade da vida e passavam a se preocupar com outras questões que têm a ver com a fundamentação do Cristianismo e expansão da religião, nesse caso, a Católica Apostólica Romana. A Reforma foi um período marcado por insatisfações para com a igreja Romana que se preocupava mais com a vida terrena do que com a vida celestial; estavam mais empenhados no poder político (temporal) do que com o poder espiritual. A igreja, enquanto instituição mediadora, foi elevada a primeiro plano com a doutrina da missa, oração pelos mortos e as indulgências; contra isso surgiram movimentos pietistas para combater o mundanismo da igreja. Nesse momento da história, foi abandonada de vez a escatologia; não havia preocupação com o fim do mundo ou com a volta de Jesus. Parece que havia problemas demais entre os homens para se preocuparem com coisas celestiais e muito menos com eventos que ainda aconteceriam.

Segundo a história da igreja, o próprio Martinho Lutero, figura central da Reforma, tinha dúvidas e não aceitava os escritos do livro do Apocalipse. Vale lembrar que a pouca ou quase nenhuma importância dada à escatologia nesse período se deve às circunstâncias vividas pela igreja que exigia medidas para manter vivo o verdadeiro Cristianismo, não que os reformadores desprezassem ou não cressem nas predições escatológicas sobre a volta de Jesus, o arrebatamento da Igreja e o próprio fim de todas as coisas, mas devido às circunstancias, sua atenção se fixou no ensino que tinha a ver com os problemas que estavam enfrentando na atualidade deles, dentre os quais destacamos a falta de conhecimento da palavra de Deus.

2.2.5. Dos Grandes Avivamentos aos dias atuais: segundo Berkhof, a idéia central da Reforma girava em torno da salvação:

> *"O pensamento da Reforma centralizou-se primariamente em torno da aplicação e apropriação da salvação, e procurava desenvolver a Escatologia segundo este ponto de vista. Muitos dos antigos Reformados trataram dela apenas como um adjunto da Soteriologia, focalizando a glorificação dos crentes. Conseqüentemente, só uma parte da escatologia foi estudada e levada a um maior desenvolvimento."* [3]

Depois do movimento de Reforma, a atenção se voltou para a prática de vida cristã e para a consolidação de um Cristianismo mais autêntico que dava mais ênfase à vida espiritual. Surgem alguns movimentos, cuja principal característica era uma vida mais contemplativa e dedicada à Palavra de Deus e à Sua obra. Desses movimentos, os principais que marcaram a história foram:

> • *Quietismo, movimento que dava ênfase a uma vida de experiência com Deus através da oração mental, ou seja, contemplação;*
>
> • *Quakers, denominado Sociedade dos Amigos, queria mudanças no sistema eclesiástico, nos sacramentos e no culto. A igreja deveria ser guiada exclusivamente pelo Espírito Santo e não pelo governo humano;*
>
> • *Pietismo, tinha como objetivo ter uma vida santa, divulgar a Palavra de Deus e prestar auxílio aos necessitados;*
>
> • *Avivamento Wesleyano, que mudou por completo a vida da Inglaterra mergulhada em trevas, através de um servo de Deus chamado John Wesley.*

Assim surgiram grandes avivamentos, iniciados por pessoas devotas e preocupadas em viver o genuíno Evangelho do Senhor Jesus, e novamente veio o despertar para o arrebatamento da igreja e o fim dos tempos, porém sem a preocupação de desenvolver uma doutrina da Escatologia. O teólogo R.N. Champlin afirma:

> *"A palavra escatologia não foi usada antes de 1844; mas, no começo, havia um certo sentido depreciador no termo. Até mesmo os comentadores bíblicos falavam em termos bastante vagos sobre o futuro e o assunto não atraía grande atenção. Havia alguns estudos sobre a "parousia", mas nenhum deles satisfatório."* [4]

---

3 Teologia Sistemática, Louis Berkhof, editora Cultura Cristã, pg. 613

Esses grandes avivamentos trouxeram novamente a expectativa da volta iminente do Senhor Jesus para buscar seu povo, porém isso não aconteceu; houve até segmentos cristãos que marcaram e remarcaram a volta de Jesus e como ela não aconteceu, veio a frustração e abriu-se caminho para alguns questionamentos, principalmente entre os teólogos liberais. Havia dúvidas se Jesus realmente sabia precisamente sobre eventos futuros sem nenhuma sombra de erros e o pensamento de que as predições escatológicas eram fruto do imaginário dos primeiros cristãos. No início do século XX, ocorreu um fenômeno chamado Pentecostalismo, o qual dava ênfase aos dons espirituais, batismo com o Espírito Santo, vida de oração e prática de uma ascese (devoção) que visava afastar o mundanismo da igreja. Nesse momento, houve um retorno do pensamento sobre a escatologia com ênfase no arrebatamento da Igreja. Dentro do Pentecostalismo, surge o movimento neopentecostal e grupos evangélicos e, no caso de alguns deles, a ênfase recai sobre a vida terrena, não se busca o céu de Jesus, mas sim um paraíso aqui mesmo na terra.

Hoje está em voga a chamada Teologia da Prosperidade, que retrata bem o contexto da sociedade mundial cujo axioma é: "ter em detrimento do ser". Com esse pensamento, a volta de Jesus e o fim são deixados de lado, o que importa é a vida presente que deve ser vivida intensamente, explorando ao máximo as riquezas e prazeres que o mundo pode oferecer. Contudo, igrejas pentecostais históricas, igrejas tradicionais e denominações evangélicas compromissadas com o Reino de Deus e com Sua Palavra mantêm a esperança da volta de Jesus e apregoam sobre o fim de todas as coisas, asseverando que está próximo esse grande evento que abalará toda a humanidade. Livros como de Daniel, Apocalipse e porções do texto sagrado, que se referem às "últimas coisas", estão sendo estudados com afinco e isso contribui para que a atenção dos cristãos seja no final dos séculos e conseqüentemente busquem uma vida pia diante do Senhor Jesus. (Rm 13:11)

O fato conclusivo a que chegamos é que expressões escatológicas como "Juízo Final", "Dia do Juízo", "Fim do Mundo" ou "fim dos Tempos" remetem à idéia de um ajuste de contas final, à destruição da terra, ao fim das eras, ou seja, "O Fim". Percebe-se claramente esse pensamento impregnado na mente universal da humanidade, quer di-

---

4 Enciclopédia de Bíblia, Teologia e Filosofia; R.N. Champlin, editora Hagnos,pg. 438

zer, todos os homens de alguma forma aguardam um desfecho final para sua existência e de todo o Universo. A Escatologia, de uma maneira geral, começa com o primeiro homem lá no Jardim do Éden, que recebeu a promessa de um redentor, quando da sua criação e terminará quando o último ser humano nascer sobre a face dessa terra, vindo logo após o Juízo Final de todos os homens.

Questões para Reflexão

A Escatologia sempre fez e faz parte da vida humana e sempre está à espera de um destino final, seja na vida presente, pela morte, ou na eternidade, quando ressuscitar. Apresente uma análise sobre a visão escatológica no tempo presente, do ponto de vista coletivo e pessoal. Há ênfase hoje sobre a volta de Jesus e sobre o fim do mundo? Comente sua resposta com os colegas.

CAPÍTULO 3

Técnicas na Análise da Escatologia

De acordo com a Hermenêutica, conjunto de técnicas para interpretação de textos, para uma investigação precisa sobre o sentido original de qualquer produção literária é necessário conhecer todo o processo para se chegar à interpretação do trabalho escrito. Sem o domínio de uma metodologia interpretativa, fica difícil emitir quaisquer esclarecimentos sobre um determinado texto. Porém, não basta somente conhecer a metodologia, é necessário aplicá-la corretamente e no momento certo, para não correr o risco de usar uma técnica inadequada para determinadas produções, tirando a sua originalidade e conseqüentemente com interpretações espúrias. Na interpretação bíblica, os procedimentos técnicos e todo o processo são o mesmo; os resultados dependem muito dos critérios de investigação para se chegar à pureza da interpretação do texto sagrado. O que tem trazido grande confusão no meio cristão são aplicações das Escrituras Sagradas desprovidas de técnicas interpretativas confiáveis, o que as torna tendenciosas, pois se baseiam em premissas dogmáticas e pressupostos individuais, ou seja, o que prevalece é o famoso "achismo" carregado de muito misticismo, quando o indivíduo traz certas revelações que encontrou na Bíblia e diz que foi iluminado pelo Espírito Santo quando na verdade sua base interpretativa é sua religiosidade pessoal.

A Escatologia se firma na Palavra de Deus, principalmente nos escritos apocalípticos, os quais têm grau elevado de dificuldade na sua interpretação, visto que estão carregados de linguagem simbólica e tipologia; porém o cuidado na aplicação deve ser redobrado e exige estudo rebuscado para que as pessoas não sejam levadas ao engano quanto aos acontecimentos escatológicos. Ciente da importância da interpretação escatológica e de que é necessário conhecer todo o processo na investigação dos escritos escatológicos, apresentaremos, neste capítulo, os principais métodos de interpretação da Escatologia.

3.1. Os Métodos de Interpretação

Conhecer e aplicar de maneira correta as técnicas de interpretação auxiliam na pureza do significado do texto, pois evita-se o acúmulo de interpolações, ou seja, inserir palavras, cláusulas, supostas revelações e textos nos escritos originais; alterações que podem modificar por completo o sentido original da produção literária. No que diz respeito à Escatologia, as interpolações estão no simbolismo dos textos apocalípticos e principalmente na mescla de literal e simbólico no mesmo texto, dificultando a sua separação e, em alguns casos, havendo mesmo a mescla. Alguns intérpretes pendem apenas para um lado da interpretação, literal ou alegórica. A interpretação das Sagradas Escrituras, incluindo a previsão dos últimos acontecimentos, deve ser bastante confiável e firmada em uma base sólida. Para tanto, é necessário que haja ferramentas e elementos confiáveis, por isso, a seguir, estudaremos os três principais métodos de interpretação: alegórica, literal e anagógica.

3.1.1. Método Alegórico: A palavra alegoria é composta de duas palavras de origem grega, "allos", que significa "outro" e "agoreuein", significando "falar" ou "proclamar", ficando da seguinte forma seu sentido literal: "proclamar alguma coisa que significa outra", usar de palavras, fatos e contextos culturais, geográficos, políticos, naturais ou religiosos apenas como referencial para dar pleno entendimento de uma verdade ou ensino que se quer transmitir. O teólogo R.N. Champlin afirma:

> *"A palavra aparece em Gálatas 4:24, sob a forma <alegóricas>, na expressão: "Estas coisas são alegóricas". Indica a explicação ou expressão de alguma coisa por meio do nome ou imagem*

de outra coisa. Fazer a Hagar e seus filhos corresponderem a atual Jerusalém e aos judeus (que, na realidade, descendiam de Abraão e Sara, e não de uma escrava), parece uma estranha distorção. Mas Paulo apontava para o aspecto da servidão espiritual. Aqueles que se tinham deixado escravizar espiritualmente, tinham se tornado descendentes espirituais de Hagar e seu filho, e não de Sara e seu filho, o qual nasceu livre."[1]

O objetivo da alegoria é desvendar o que está por trás daquilo que está em evidência e achar um sentido espiritual mais profundo e que estava oculto. Orígenes, um dos patriarcas da Igreja dos primeiros séculos, que nasceu em Alexandria aproximadamente no ano 185 d.C. e morreu em Tiro no ano 254 d.C., foi um homem brilhante e de intelecto avançado para sua época, tornando-se grande escritor e mestre cristão, além de ser um crente fervoroso e ousado. Ele defendia três métodos de interpretação: o literal, o alegórico e o filosófico. Após ele, outros que vieram usaram exaustivamente o método alegórico, porém, na atualidade, os críticos bíblicos evitam usar esse método, pois vêem nele uma porta aberta para enganos teológicos que conduzem a práticas cristãs duvidosas, contudo é um método largamente utilizado na pregação bíblica e principalmente como ilustrações.

Essa forma de interpretação também vale para os textos escatológicos e são muito importantes, pois há nesses escritos sagrados simbologia, tipologia e mensagens obscuras por trás de fatos, nomes e narrativas. Porém, deve-se ter o cuidado para não alegorizar relegando a literalidade do texto. Outro exemplo são os números que aparecem nos escritos apocalípticos que têm a ver com a Escatologia. Eles nem sempre devem ser entendidos como literais, por isso há alguns pontos importantes na alegoria dentro da Escatologia que devem ser considerados:

a) Se o sentido de uma profecia é literal, não se deve interpretá-la alegoricamente para que o seu verdadeiro sentido não seja distorcido. Como é o caso do Milênio em que alguns afirmam que é apenas uma alegoria, sendo assim não existe nenhum espaço temporal, apenas faz alusão a um tempo de paz espiritual que acontece na vida do indivíduo ou de uma geração. Nesse caso, muitos milênios já ocorreram e ainda estão por acontecer.

---

1 Enciclopédia de Bíblia, Teologia e Filosofia; R.N. Champlin, editora Hagnos, pg 101.

b) Quem faz alegoria está sempre buscando um sentido espiritual no texto e freqüentemente acaba espiritualizando tudo. Tomemos as duas testemunhas de Apocalipse: *"E darei poder às minhas duas testemunhas, e profetizarão por mil duzentos e sessenta dias, vestidas de pano de saco"* (Ap 11:3). Usando de alegoria, alguns teólogos dizem que elas **REPRESENTAM (grifo do autor)** a Igreja e a Palavra, ou a Lei, referindo-se a Moisés; e os profetas, representados pelo profeta Elias, ou ainda Enoque e Elias, símbolos do arrebatamento da Igreja. Utilizando o método literal, outros teólogos afirmam que simplesmente são duas pessoas que serão tremendamente usadas por Deus num determinado espaço de tempo e, como não são mencionados seus nomes, querer descobrir quem são é mera especulação que trás mais polêmica do que esclarecimento.

c) Também se deve considerar o oposto do item anterior, ou seja, nem tudo dentro da Escatologia deve ser interpretado como literal. Existem textos cuja escrita é simbólica, principalmente no que se refere a números na produção apocalíptica; pode ser que a numerologia seja real ou pode ser que seja simbólica. Para descobrir a realidade, faz-se necessário aplicar as regras da Hermenêutica que nos mandam verificar o contexto geral do que está escrito para descobrir a verdade por trás dele. É comum haver indagações e polêmicas a respeito dos 144.000 que aparecem no livro do Apocalipse (4:7), os quais um determinado segmento religioso afirma ser o número daqueles que iriam para o céu. Observa-se que é um número fechado e tem a ver com Israel e não com os salvos na glória e é simbólico, significando que um grande número de israelitas seria salvo de perigos iminentes.

d) A alegoria desprovida de embasamento bíblico-teológico abre espaço para maquinações elaboradas em mentes férteis que distorcem a Palavra de Deus e perdem o sentido original do que o escritor tinha em mente quando produzia o texto sagrado. A fidedignidade de uma interpretação deve passar pelo crivo da Bíblia e não de uma mente engenhosa carregada de doutrinas próprias, de experiências pessoais e tendências religiosas. Dizer que a referência que João faz a demônios com rosto de homem, cabelos de mulher e dentes de leão e caudas com ferrões são armas bélicas que seriam inventadas pelo homem no futuro e que naquele momento, por nunca ter visto algo semelhante, o escritor descreveu valendo-se do que ele conhecia na época é mera especulação. Aquela era simplesmente uma representação de seres espirituais do mal, com seu poder e características destruidoras que virão a esta terra para atormentar os homens.

3.1.2. Método Literal: é o método gramático-histórico, isto é, procura dar sentido literal às palavras. O texto, nesse caso, deve ser interpretado sem uso de analogias ou simbologias, deve ser entendido como está escrito. Muitos confundem esse método com interpretar tudo "ao pé da letra", simplesmente ignorando o contexto histórico, cultural, social e religioso da época; é quase que uma decodificação das palavras. É claro que fazendo uso da gramática, as palavras devem ser analisadas de acordo com sua disposição na oração, sua relação com a pontuação gráfica e seu significado na frase, porém, na interpretação, ela deve ir além, inteirando-se da realidade vivida no momento em que foi produzida. Isso porque, de acordo com a semântica (evolução das palavras), algumas palavras sofrem modificações no seu sentido com o passar do tempo, seu significado em tempos passados não é o mesmo hoje. Por exemplo, a palavra demagogo tempos atrás significava pessoa que conduzia o povo, guiava o povo visando seu bem-estar e pleno desenvolvimento; hoje, é o contrário, pessoa que usa o povo somente para tirar proveito próprio, não é, portanto, um bom título para se dar a alguém. Na interpretação escatológica, os cuidados devem ser: não usar interpretação "ao pé da letra" e nem ignorar os contextos.

a) Interpretação "ao pé da letra": as predições futuras não podem ser interpretadas dessa forma, pois elas estão carregadas de elementos obscuros e alegóricos que a princípio as tornam até mesmo fantasiosas, carecendo de estudo mais acurado para se chegar ao sentido real do texto. Nesse tipo de interpretação, crê-se que o livrinho que João recebeu ordem para comê-lo (Ap 10:9) era de fato uma produção literária do céu, quando na verdade é uma simbologia para se referir ao trabalho profético dele ao mundo, o que, é explicado logo a seguir: *"Então me disseram: importa que profetizes outra vez a muitos povos, e nações, e línguas, e reis".* Com certeza, João não se assentou e passou a rasgar folha por folha do livrinho e depois as ingeriu.

b) Ignorar os Contextos: eles não devem ser desprezados, pois hoje lemos algo que foi escrito há aproximadamente dois mil anos atrás numa cultura bem diferente da nossa. Não podemos nos esquecer dessa ponte que liga aquela época à nossa. João fala muito de trombetas, taças, selos, cavalos e etc., elementos comuns na época dele. Talvez se fosse hoje, usaria instrumentos sofisticados e ao invés de cavalos seriam automóveis, caminhões, transatlânticos, tanques de guerra, foguetes etc. Portanto, ao interpretarmos os textos escatológicos, precisamos de alguma maneira entrar na mente do escritor daquela época, e isso só é possível quando nos inteiramos de sua realidade social, cultural e religiosa vivida por ele.

3.1.3. Método anagógico: Champlin dá a seguinte definição para o termo: *"Vem do grego "anagogo", "levar para cima". A palavra refere-se à descoberta de uma verdade espiritual oculta em algum texto literal da Bíblia. Assemelha-se à interpretação alegórica. A idéia é que o indivíduo é "elevado" do literal para o simbólico, para as verdades espirituais e místicas."*[2] A revelação, nesse caso, pode ser de duas maneiras: códigos e símbolos:

Códigos: Alguns intérpretes, na sua grande maioria leigos e místicos, acreditam que em cada palavra ou trecho das Sagradas Escrituras encontram verdades espirituais escondidas que só podem vir à tona a partir de uma iluminação sobrenatural, que é conseguida através de meditação e intensa busca do místico. Fala-se também de uma sabedoria sobre-humana para descobrir códigos secretos na escrita original dos textos bíblicos e para decifrá-los. Com tais pensamentos, chegaram a criar o chamado Código Bíblico. Em um determinado texto, por iluminação, saltam aos olhos do "iluminado" apenas as letras que compõem palavras que juntas formam frases reveladoras. Tais textos iluminados trazem revelações fantásticas e intrigantes sobre catástrofes, guerras, doenças, acontecimentos importantes para a humanidade e sobre o tempo do fim. É quase semelhante a achar frases ocultas em trilhas sonoras gravadas em disco vinil ou CD quando tocadas invertidas, isto é, de trás para frente. Aqueles que detêm esses conhecimentos sobrenaturais podem prever o futuro e tirar proveito dessas informações. Isso posto, os textos apocalípticos são um prato cheio para esses "iluminados", pois, como se tratam de produções que revelam acontecimentos do fim consegue achar neles revelações sobrenaturais sobre onde e quando acontecerão eventos que antecedem esse fim. Para compreendermos melhor, vejamos o exemplo a seguir:

---

2 Enciclopédia de Bíblia, Teologia e Filosofia; R.N. Champlin, editora Hagnos,pg. 150

TEXTO ORIGINAL	TEXTO ORIGINAL EM CÓDIGOS
No princípio era o Verbo, e o Verbo estava com Deus, e o Verbo era Deus. Ele estava no princípio com Deus. Todas as coisas foram feitas por intermédio dele, e sem ele nada do que foi feito se fez. Houve um homem enviado de Deus, cujo nome era João. Este veio como testemunha, a fim de dar testemunho da luz, para que todos cressem por meio dele.	N**o princíp**io **e**ra o **Ver**bo, e o Verbo estava com **D**eus, e o Verbo er**a De**us. Ele estava no pr**i**ncípio com Deus. Todas as coisas fo**r**am feitas p**or** interm**é**dio dele, e sem ele nada do que foi feito se fez. Houve um homem enviado de Deus, cujo nome era **Jo**ão. **Es**te veio como testem**u**nha, a fim de dar te**s**temunho da luz, para que todos cressem por meio dele.
TEXTO FORMADO PELAS FRASES EM CÓDIGO	**TEXTO EM CÓDIGO ARRANJADO**
o princíp e Ver Da Deiro é João. **Es**te veio como testem**u**nha, a fim de dar te**s**temunho da luz, para que todos cressem por meio dele.	**O príncipe verdadeiro é Jesus**

Essa é a maneira que os místicos encontram textos ocultos na Bíblia.

a) Símbolos: outra maneira de encontrar mensagens ocultas nos escritos escatológicos é decifrar as palavras ou idéias por trás dos símbolos. Essa é uma metodologia que despreza por completo o elemento literal do texto; tudo passa a ser simbólico, principalmente quando há milagres e predições futuras. Para esses, quando a Bíblia relata que Jesus andou por cima das águas do mar da Galiléia, de fato isso não aconteceu. O que o autor queria dizer era que quem confia em Jesus terá a capacidade de passar por cima de quaisquer problemas e tribulações que vierem sobre a sua vida. Assim sendo, o mar é símbolo da vida terrena; a tempestade e as ondas são as lutas que sobrevêm sobre o crente; Jesus andando por cima das águas simboliza o crente caminhando sobre a tribulação. Como as produções literárias apocalípticas estão recheadas de elementos simbólicos e até mesmo de acontecimentos simbólicos, os adeptos desse pensamento entendem que tudo é simbólico e passam a procurar o significado de figuras e frases emblemáticas. Assim, o juízo final de apocalipse (20:11-15) não é real, na verdade é simbólico, significando que cada pessoa passará por um exame de consciência e se lembrará de tudo o que fez; ser lançado no lago de fogo significa que o indivíduo só fez o mal, mas não há inferno literal.

A interpretação anagógica é cabível, desde que não seja utilizada de maneira exacerbada em que tudo é código, símbolo ou espiritual. Nos escritos que falam sobre o tempo do fim, há sim muitas palavras e símbolos, os quais devem ser decodificados com estudo e busca pelo Espírito Santo. Porém, há vários pontos que são literais, os fatos são reais e não devem ser interpretados anagogicamente. Os quatro cavaleiros do apocalipse (6:1-8), o primeiro montado em um cavalo branco, o segundo em um cavalo vermelho, o terceiro em um cavalo preto e o quarto num cavalo amarelo, são uma simbologia, pois não se deve pensar em quatro homens montados em quatro cavalos como fato real, é apenas uma representação do tormento que viria sobre os homens na face da terra, através do domínio de tiranos, das guerras, fome e morte.

3.2. Conclusão

Ao estudarmos sobre esses três métodos de interpretação, verificamos que todos eles devem ser utilizados, porém deve-se ter todo o cuidado para não usá-los inadequadamente como, por exemplo, aplicar método literal em um texto cujo relato é uma alegoria; espiritualizar por completo um escrito (anagogia) quando o mesmo deve ser entendido de forma literal e dar um sentido figurado a uma produção que deve ser interpretada literalmente. O maior problema é que algumas pessoas, quando se deparam com textos enigmáticos na Bíblia e por não conseguirem interpretá-lo, acabam espiritualizando tudo para se chegar à elucidação de tais textos, usando para isso de numerologias, simbologias, decodificações e revelações místicas.

MÉTODOS INTERPRETAÇÃO

ALEGORIA	LITERAL	ANAGOGIA
Sentido Espiritual: Símbolos	Sentido Real: Ao pé da Letra	Místico: Códigos

Questão para Reflexão

Foi dito, neste capítulo, que muitos crentes usam de revelações para interpretar certos textos obscuros da Bíblia, principalmente os que se referem às predições escatológicas. Reflita: é correto o crente, além de estudar, também buscar em Deus, através de oração, a verdade sobre determinados escritos? Como isso deve ser feito?

CAPÍTULO 4

O Processo de Interpretação na Escatologia

No capítulo anterior, estudamos sobre a metodologia empregada na interpretação da Escatologia e como é importante conhecê-la bem para aplicá-la corretamente na elucidação de pontos obscuros no material apocalíptico. Isso porque são redações de difícil interpretação em virtude de vasto uso de simbolismos e enigmas. O Apocalipse, por exemplo, foi redigido com uso abusivo de linguagem figurada ou codificada para impedir que os inimigos da fé cristã entendessem o que estava sendo relatado, fechando assim a porta do entendimento para eles. Por outro lado, não podemos deixar de mencionar que a sabedoria de Deus estava em ação e provavelmente queria que essas revelações acerca do fim de todas as coisas fossem sendo apreendidas pela Igreja peremptoriamente até a proximidade desse momento.

As maneiras de se interpretar os escritos escatológicos são variadas para que o estudante possa se situar melhor e ter o conhecimento desses segmentos interpretativos. Em virtude disso, apresentaremos, neste capítulo, as escolas de interpretação, e apresentaremos suas principais características.

4.1. Escolas de Interpretação

Os escritos apocalípticos só vieram a ter maior importância e ser estudados com mais afinco a partir do século XIX, daí em diante foram muitos os que se aventuraram em interpretar, principalmente o livro do Apocalipse, por ser o mais difícil. Surgiram várias maneiras e técnicas para essas interpretações. Alguns crêem que nesse livro está todo o desfecho da História, desde os tempos da Igreja Primitiva até os dias atuais; outros acham que tem a ver somente com o período inicial da Igreja e suas perseguições; ainda outros vêem apenas mitos sem nenhuma importância e outros conseguiam enxergar nesses escritos o trabalhar de Deus na vida dos homens. Existem ainda estudiosos que se aplicam em desvendar o significado dos acontecimentos para os que viveram na época de sua aplicação inicial, para então depois darem um salto no tempo e ver como esse significado primitivo pode ser aplicado em outros tempos e gerações. Dentre as maneiras de interpretação escatológicas, destacaremos, neste capítulo, quatro delas: Interpretação Preterista, Histórica, Idealista e Futurista.

4.1.1. Interpretação Preterista: a palavra é formada da seguinte maneira: "preter", prefixo do latim "praeter", significa "passado" ou "além de". Portanto, os adeptos desse método advogam que os escritos apocalípticos tiveram seu cumprimento na época em que foram escritos na vida daqueles aos quais foram direcionados. Os livros dessa natureza foram redigidos no período da perseguição sofrida pelo povo judeu por Antíoco Epifânio, imperador que odiava os judeus e queria ver sua destruição. Sabendo que para isso deveria atacar a base de sustentação deles, que era sua religião, sacrificou um animal imundo no templo dos judeus. Portanto, o objetivo desses escritos era trazer esperança para o povo e força para se levantar e lutar contra o opressor. Semelhante ao que ocorreu no período da Igreja Primitiva, o livro do Apocalipse tinha como objetivo encorajar os crentes da Ásia, diante das perseguições que sofriam por parte do Império Romano. Resumindo, essa idéia diz que tudo se cumpriu no passado, para a respectiva época em que os servos de Deus sofreram duras perseguições. Os seus defensores crêem que a maior parte do livro de Apocalipse se cumpriu na época de Domiciano, imperador romano. A Igreja era ameaçada de extinção, mas Cristo não permitiria, levantar-se-ia do seu trono e viria visivelmente para salvar seu povo da destruição; essas palavras eram consolo para a Igreja perseguida. Mas, o que aconteceu foi que Roma continuou de pé e Jesus não voltou para os seus. Esse ponto de vista traz as seguintes dificuldades na sua interpretação:

• O livro do Apocalipse e outros escritos escatológicos que fazem parte do cânon sagrado, como inspiração Divina, não estão circunscritos à época em que foram escritos, d'outra forma não haveria necessidade de serem preservados até hoje.

• Os escritos fazem parte da Palavra de Deus e ela não se restringe a uma época da história, é apta para atingir e nortear a vida humana em todos os tempos, portanto as palavras dessas produções literárias são também mensagens para os dias vividos pela Igreja na atualidade.

• Esse método faz de João um mero porta-voz de Deus para a Igreja do primeiro século, não tendo relevância sua mensagem para outras épocas vividas pelos crentes.

• Anula a viva esperança da Igreja de que Cristo voltará para buscar seus servos.

• Confunde ao invés de aclarar sobre a vitória final, pois, nesse caso, as Bodas do Cordeiro já ocorreram. E onde está o novo céu e a nova terra?

Nesse método de interpretação, todas as predições apocalípticas de Daniel se cumpriram no período inter-bíblico e as de Apocalipse, na sua quase totalidade, nos primeiros três séculos da Era Cristã, quando o império romano sofreu juízos vindos da parte de Deus, simbolizado pelos selos, em que Babilônia simbolizava Roma, o Falso Profeta, o sistema religioso incumbido de impor o culto ao Imperador e a Besta, o Império Romano, ou seja, os preteristas afirmam que a maior parte do Apocalipse cumpriu-se no passado.

O preterismo é, portanto, o método mais popular usado por eruditos críticos, os quais entendem que os registros do livro do Apocalipse foram para os crentes, em especial à liderança do seu tempo, sendo que, na verdade, quase tudo se cumpriu até o período da queda do Império Romano. Entendemos que, de modo algum, João, ao escrever, tinha convicção plena de que estava escrevendo para gerações futuras e não para aquela geração, até porque os próprios profetas, em suas predições, não sabiam do real alcance de suas mensagens. Porém, ao estudarmos hoje sobre essas profecias, compreendemos melhor a ação de Deus na história. Dizer que as predições apocalípticas estavam restritas à geração em que foram produzidas é incoerente com o agir de Deus na história da humanidade e, principalmente, com aqueles que O servem. Se realmente tudo tivesse seu cumprimento somente para aquela época, isso deixaria a Igreja ao longo dos séculos sem um rumo defini-do, pois se tudo já se cumpriu, qual é a nossa esperança e o que de fato nos aguarda? O preterismo não consegue responder a essa pergunta.

SELOS ──────────▶ **Juízos de Deus sobre o Império Romano**
BESTA ──────────▶ **Império Romano**
FALSOS PROFETAS ──▶ **Sistema Religioso**
BABILÔNIA ────────▶ **Roma**

4.1.2. Interpretação Histórica: esse método encara a mensagem apocalíptica simbolicamente, em que os símbolos nela apresentados são parte integrante de todo o esboço da história da Igreja, desde a época inicial da Igreja Primitiva até a volta de Cristo, estendendo-se ao final dos tempos. Esse método também é conhecido como Continuida-de Histórica ou progressista, que, de acordo com esse pensamento, já dura cerca de 2.000 anos. Champlin relata da seguinte forma:

> *"Os intérpretes que assumem essa posição procuram encaixar to-dos os acontecimentos previstos no Apocalipse em várias épocas da história humana. A série de "sete" (selos, trombetas, taças e anjos) supostamente representaria sucessivos estágios da história da humanidade, até à volta de Cristo, o que dará fim ao presente ciclo geral. Naturalmente os que assim pensam não tem podido concordar entre si sobre quais visões representam estes ou aqueles acontecimentos históricos, e muitas identificações fantásticas, de homens e eventos, no tocante às predições, tem aparecido na lite-ratura que defende esse ponto de vista. O ponto de vista pura-mente histórico do livro de Apocalipse deixa-o uma obra essencial-mente fechada e misteriosa."*[1]

Os adeptos dessa metodologia conseguem vislumbrar nos períodos da história da Igreja, em especial nos grandes eventos que marcaram a humanidade, o desdobramento das fases da Igreja de Cristo nesta ter-ra. Ela abrange pontos do preterismo e do futurismo. Vejamos alguns desses pontos[2]:

---

1 Enciclopédia de Bíblia, Teologia e Filosofia; R.N. Champlin, editora Hagnos, pg 225
2 A Mensagem do Apocalipse: Digno é o Cordeiro, Ray Summers, pg.48 e 49

a) O Primeiro selo: Cumpriu-se no Estado do Império Romano, desde a morte de Domiciano, 96 a.D., até a ascensão de Cômodo, 180 a.D.

b) O Segundo selo: da morte de Cômodo, 193 a.D., em diante.

c) O Terceiro selo: de Caracala, 211 a.D. , para diante.

d) O Quarto selo: de Décio até Galieno, 243-268 a.D.

e) O Quinto selo: a Perseguição de Diocleciano, 284-304 a.D.

f) O Sexto selo: a invasão dos bárbaros, 365 a.D.

g) O Sétimo selo: cumpriram-se as trombetas.

h) A primeira trombeta: a invasão dos godos, 395-410 a.D.

i) A segunda trombeta: a invasão de Genserico, 428-468 a.D.

j) A terceira trombeta: a invasão do huno Àtila, 433-453 a.D.

k) A quarta trombeta: a conquista final do Império Ocidental por Odoacro, rei da Herúlia, 476-490 a.D.

l) A quinta trombeta: os maometanos.

m) A sexta trombeta: os turcos.

n) Capítulo 10: o grande anjo aí é a Reforma, e o pequeno livro aberto é a Bíblia que voltava a ser lida por todos, após ter ficado presa pelo papado e pela Vulgata. Os sete trovões ouvidos, mas não registrados, são os anátemas estendidos contra a Reforma pelo Papa. Não deviam ser registrados por escritos porque neles nada havia digno de ser lido!

o) Capítulo 11: a medição do tempo representa a determinação do que constituía a verdadeira igreja ao tempo da Reforma. As duas testemunhas representam os que se levantaram contra os erros de Roma.

p) A sétima trombeta: O Triunfo final da verdadeira Igreja. O que vem depois do capítulo 11 não é uma seqüência cronológica e, sim, uma visão Interna da igreja. Isso diz respeito exclusivamente à Igreja Católica. A mulher do capítulo 12 é a verdadeira Igreja. Sua fuga para o deserto representa a condição de Igreja enquanto o papado estiver no poder. A ira de Satã contra o remanescente de sua semente representa a tentativa do papado no sentido de acabar com indivíduos, quando já não campeia uma perseguição aberta e geral.

q) A primeira Besta: é o poder eclesiástico do Papa que sustentou o papado.

r) A segunda Besta: é o poder eclesiástico do Papa.

s) As sete taças: são sete golpes desferidos contra o poderio papal, tais como a Revolução Francesa, captura de Roma pelos Franceses, captura do próprio papa, etc.

t) A grande prostituta: o papado.

u) A destruição da babilônia: a queda do papado.

Nessa forma de interpretação, os símbolos são aplicados ao curso da História com muita precisão e a habilidade de seus expositores é impar; mas não podem ser afirmações concludentes, podem, sim, serem avaliadas com respeito e olhar crítico. Esse método tomou forma no período da Reforma Protestante (século XVI) e teve seu apogeu com as pregações de William Miller (1782-1849), fazendeiro Batista que se tornou pregador e líder religioso; pregava eloqüentemente sobre o fim do mundo, chegando até mesmo a marcar sua data, conseguiu arrebatar a muitos com seus sermões inflamados, os quais se tornaram seus seguidores. A partir de então, passam a ser chamados de adventistas ou milleritas, porém suas predições não se cumpriram. Na atualidade, um pequeno grupo de eruditos é adepto dessa metodologia, os mais conhecidos fazem parte da denominação Adventista do Sétimo Dia.

A seguir apresentamos as objeções a essa forma de interpretação:

• Ela não considera que o livro das revelações fora escrito, a princípio, para os crentes daquela época e deve ser interpretado de acordo com o contexto deles e depois aplicado a outras épocas; do contrário, foge dos princípios elementares da Interpretação Bíblica (Hermenêutica).

• Os grandes eventos históricos abordados se limitam ao contexto histórico ocidental, mas não podemos nos esquecer de que o Cristianismo foi dividido entre as porções Ocidental e Oriental da Igreja Católica, fundada por Constantino, e depois veio um período na história chamado de o Grande Cisma, em conseqüência da divisão que ocorreu no Catolicismo Romano, quando houve até três papas eleitos. Pouca atenção se dá à igreja Oriental, mas ela cresceu tremendamente e chegou a alcançar partes da Índia e China.

• Não é difícil encaixar um grande acontecimento histórico a algum símbolo ou predição apocalíptica. Por exemplo, quantos anticristos já surgiram na história; basta aparecer um ditador cruel e logo os cristãos mais fundamentalistas dizem que ele é o Anticristo.

• Foge do objetivo primário do livro quando apresenta as profecias apocalípticas como um tipo de história produzida por antecipação.

• Apresenta interpretações absurdas, como pensar que a meia hora de silêncio no céu (Ap 8:1) equivale a 70 anos na história romana, que vai da vitória de Constantino sobre Licínio em 324 d.C. até a revolta e invasão do império por Alarico em 395 d.C. [3]

A Interpretação Histórica é atraente, sedutora e até mesmo facilita o encaixe do livro das revelações no contexto histórico mundial, porém, como as demais, deve ser avaliada com cuidado.

Quadro comparativo de acordo com essa interpretação

SÍMBOLOS	ACONTECIMENTOS
Selos	Império Romano ao tempo da Igreja Primitiva
Trombetas	Queda do Império Romano e surgimento do Islamismo e do Império Turco
Livrinho comido por João	Era da bíblia aberta, depois de 1500 d.C.
Duas Testemunhas	A Igreja e a Bíblia
A Besta	A igreja apóstata no poder de 600 a 1800 d.C.
O Falso Profeta	O poder mundial do papado
Taças	Golpes desferidos contra o poderio papal
Babilônia	Papado

4.1.3. A Interpretação Idealista: é chamada de interpretação mística ou simbólica, pois sua maior preocupação é em apresentar o significado dos símbolos contidos nas revelações do tempo do fim. Assim sendo, não há interesse em cronologias, mas apenas no agir de Deus em relação ao mal e a certeza de que o crente deve perseverar até o fim, mesmo diante das perseguições mais cruéis. Nesse método, os símbolos são vistos como tendências que podem se cumprir de época em época. Tomando o exemplo do Anticristo, ele é apenas uma tendência que aparece em vários momentos da história e pode ser visto naqueles que se portam com o significado do símbolo que ele carrega; sendo assim, não importa a época do acontecimento e sim o símbolo. De acordo com esse pensamento, o Anticristo pode ser Nero, Domiciano, Napoleão, Hitler e outros que surgiram e surgirão ainda. O fim último dessa interpretação é o grande conflito entre Deus e o império do mal, apresentando o triunfo do Senhor.

Os adeptos desse pensamento tendem a espiritualizar tudo; valorizam os símbolos e descartam os fatos históricos, pois na verdade eles não são e nunca serão reais, simplesmente retratam a luta do bem contra o mal. As objeções a esse método são as seguintes:

• Perde-se o propósito original do livro que é atingir os cristãos da

3 A Mensagem do Apocalipse: Digno é o Cordeiro, Ray Summers, pg. 51

Igreja dos primeiros séculos, dando a eles uma palavra de encorajamento. Ou seja, o objetivo de João não seria escrever para a Igreja perseguida e conseqüentemente os crentes não receberiam aquela mensagem com entusiasmo.

• Valoriza em demasiado as figuras e símbolos, relegando as profecias que tratam de acontecimentos reais futuros.

Portanto, a intenção do autor não era escrever em uma linguagem que fosse entendida por aqueles que a leriam naquela época, queria apenas retratar, através de descrições imaginárias, a vitória de Deus sobre o mal.

4.1.4. A Interpretação Futurista: Os seus defensores vêem no Apocalipse profecias referentes ao futuro cujo ápice se encontra após o arrebatamento da Igreja e o início do período da Grande Tribulação estendendo-se até o fim de tudo. Analisam as predições apocalípticas de maneira a ignorar os fatos históricos inerentes à época em que foram escritos, anulando, de certa forma, os acontecimentos para a igreja daquele período. Acreditam que o destino final de todas as coisas encontra-se no livro das revelações de forma simbólica. Crêem ainda que as profecias de Daniel e Apocalipse se cumprirão no período da Grande Tribulação que ocorrerá logo após o arrebatamento. Logo em seguida, Israel será invadida pelo inimigo e serão salvos pela intervenção do Anticristo que trará uma falsa paz por três anos e meio, revelando, após, sua verdadeira identidade. Esse método é literalista em sua interpretação, ou seja, vêem muito pouco simbolismo nos escritos escatológicos, por exemplo, quando no capítulo 11 o Templo é medido, crêem que haverá a sua restauração real, e as duas testemunhas não são simbólicas, mas dois profetas reais que surgirão nesse tempo.

"E foi-me dada uma cana semelhante a uma vara; e chegou o anjo e disse: Levanta-te e mede o templo de Deus, e o altar, e os que nele adoram. E deixa o átrio que está fora do templo e não o meças; porque foi dado às nações, e pisarão a Cidade Santa por quarenta e dois meses. E darei poder à minhas testemunhas, e profetizarão por mil duzentos e sessenta dias, vestidas de pano de saco. Estas são as duas oliveiras e os dois castiçais que estão diante do Deus da terra." (Ap 11:1-4)

Para eles, o livro do Apocalipse, a partir do capítulo 4 até o fim, trata de acontecimentos relacionados aos fiéis da última geração da saga humana. Os capítulos 1 a 3 tratam especificamente da Igreja de Cristo ao longo dos séculos que viriam. Por interpretarem as profecias literalmente, são milenistas, pois crêem que quando Jesus vier a esta terra novamente, não virá para julgar os vivos e os mortos, mas reinará por mil anos junto com os seus santos. Os futuristas se dividem em dois grupos distintos: os moderados e os extremos ou dispensacionalistas.

a) **Moderados**: como o próprio nome indica, são cautelosos quanto à interpretação das predições e têm dificuldades em achar nelas indicações de que se referem a vários períodos da história desde a época da igreja primitiva até os dias atuais; crêem que se referem a acontecimentos relativos aos tempos finais, pelo menos, a partir do capítulo 4. Para eles, os capítulos que se referem às sete cartas às igrejas da Ásia não são relativos a sete dispensações da Igreja de Cristo na terra, simplesmente são fatos históricos alusivos às igrejas daquela época.

b) Os **extremos** ou **dispensacionalistas**: para eles todo o Apocalipse é material preditivo, inclusive os que fazem menção das sete igrejas da Ásia. Esses se referem a sete períodos da história da Igreja. Os seus adeptos relegam que os escritos tenham a ver com a igreja histórica daquele período, vêem todo o contexto Apocalíptico como dispensações que se configurariam pelos séculos vindouros. Dá-se a eles o nome de "dispensacionistas Darbistas".

> *"Estes seguem as idéias de João N. Darby. Sua doutrina característica é a idéia que tem do céu e da Igreja Cristã. Sustentam que Jesus veio para estabelecer um governo visível na terra e que João Batista tinha isso em mente quando pregou que o Reino do Céu estava próximo. Jesus apresentou os padrões desse Reino, mas os judeus rejeitaram a Jesus e seus planos. Assim, se retirou a oferta, e o Reino ficou para a segunda vinda. Cristo fundou sua Igreja como um parêntese na História. A Igreja não é o cumprimento do Velho Testamento. É coisa temporária e terá fim no "rapto", que nada mais é que a remoção miraculosa e repentina de todos os verdadeiros crentes para se encontrarem com Cristo nos ares, quando ele voltar de novo. Esse "rapto" não será visível ao mundo em geral. O que será público na segunda vinda de Cristo terá lugar sete anos depois e é chamado "a Revelação". O período de sete anos, então mencionado, corresponde à septuagésima semana de*

Daniel. As sessenta e nove semanas encerraram-se com a primeira vinda de Cristo (seu nascimento); mas, quando os judeus rejeitaram a Cristo, encerrou-se o tempo profético e não será reiniciado até o "rapto". No período dos sete anos, o anticristo reinará. Os judeus, que terão voltado à Palestina, farão um pacto com Ele a fim de restaurar o seu culto. O Templo de Jerusalém será reconstruído, reunir-se-ão as tribos que estavam espalhadas e os sacrifícios serão novamente oferecidos."[1]

Como base para suas afirmações, alegam que nos capítulos 2 a 3 há menção da Igreja, porém, a partir do capítulo 4, não se faz menção dela. Vejamos algumas objeções a esse ponto de vista:

• Não admitem que os escritos eram inicialmente para os crentes daquela época, ou seja, aqueles escritos não tinham nada a ver com eles.

• Acaba por tornar o livro do Apocalipse mais uma obra judaica do que Cristã. Isso ocorre porque pensam que a partir do capítulo 4, em conexão com as Semanas de Daniel, em especial a última semana, refere-se tão somente ao povo judeu não havendo qualquer participação de outros que não sejam dessa etnia.

• Dão ênfase exagerada ao futuro e pouca ou quase nenhuma importância ao passado.

Conclusão: Concluímos que para chegar a um consenso, não desprezamos os pontos de vista destacados neste capítulo e não há a pretensão de nomear um método perfeito, mas nos valemos de todos eles para chegarmos a um veredicto, pois todos têm seus pontos positivos e negativos, uns mais e outros menos. Nesse caso, adotamos um ponto de vista mais eclético, isto é, cremos que João, ao escrever o livro do Apocalipse, tinha em mente primeiramente ajudar os crentes daquela época e gerações um pouco à frente; porém Deus, em sua sabedoria, valeu-se do momento para inspirar seu servo a escrever alguns pormenores que aconteceriam ao longo dos séculos até a consumação final de todas as coisas. Destarte, o Apocalipse tem uma linguagem simbólica muito forte, que deve ser auferida dentro do seu contexto. Por fim, num aspecto ulterior, cremos que as predições apocalípticas, no que se

---

1 A Mensagem do Apocalipse: Digno é o Cordeiro, Ray Summers, pg.43

refere aos juízos de Deus nesta terra, terão cumprimento pleno num espaço de tempo chamado Grande Tribulação, após isso o mundo experimentará um período de prosperidade e paz que culminará com a derrocada final de Satanás e uma eternidade triunfante para os salvos em Cristo Jesus e vergonha para os perdidos.

Escolas de Interpretação

PRETERISTA   FUTURISTA   HISTÓRICA   IDEALISTA

Questão para Reflexão:
Em sua opinião, qual dessas escolas de interpretação está mais longe da verdade do Evangelho? Porque?

CAPÍTULO 5

As Visões do Livro de Daniel e sua Relação com a Escatologia

O livro de Daniel é profético e também considerado apocalíptico por causa de seu conteúdo sobrenatural e linguagem carregada de predições. Ele nos relata o contexto da vida do Profeta Daniel desde que fora levado cativo para Babilônia e que, em terra estrangeira, destacou-se por sua sabedoria, inteligência, humildade e temor a Deus. No ano 603 a.C., com cerca de 20 anos de idade, foi elevado ao posto de governador e chefe dos sábios de Babilônia (Dn 2:48-49); foi conselheiro do rei Nabucodonosor e de grande auxílio para os judeus deportados para aquela terra. Nessa terra estrangeira e inimiga, Daniel não só cresceu entre os homens, mas também diante de Deus. Por sua coragem, vida de santificação, fé e oração recebeu revelações extraordinárias de Deus, além de ter o dom para interpretar sonhos. Suas visões são muito importantes dentro da Escatologia, pois mencionam quase que diretamente personagens que têm a ver com o fim, como o próprio Cristo, o Anticristo e reinos que se levantariam e cairiam. Outros livros, como Ezequiel, Isaías, Zacarias e outros também apresentam acontecimentos futuros, porém nenhum deles é tão explícito quanto Daniel. Por isso, neste capítulo, com o intuito de deixar o aluno a par desses acontecimentos, revelações e visões que fazem parte do contexto escatológico, dos quais iremos tratar nos capítulos que se seguem, relataremos os principais temas apocalípticos do livro de Daniel, dando ênfase às "setenta semanas".

5.1. As Revelações de Daniel em Babilônia

Daniel é chamado na Bíblia de "homem muito amado". De fato, ele era fiel a Deus, dedicado no cumprimento de seu chamado, sendo leal até a morte se preciso fosse, como está evidenciado na sua recusa em deixar de buscar a Deus, mesmo que um edito do rei proibisse tal ato (Dn 6) e quem desobedecesse seria lançado na cova de leões. Ele recebera de Deus um dom especial que o capacitava a interpretar sonhos. A mais notória interpretação é do sonho do rei Nabucodonosor. Esse rei teve uma revelação em sonho e não houve em toda a Babilônia quem pudesse elucidá-la, a não ser Daniel (Dn 2:5;17;19).

A seguir o sonho, sua interpretação e sua relação com os acontecimentos apocalípticos.

a) O sonho: o rei Nabucodonosor, na sua visão, contemplou uma estátua cuja cabeça era de ouro fino; o peito e os braços, de prata; o ventre e os quadris, de bronze; as pernas, de ferro e os pés, em parte de ferro e em parte de barro. Veio uma pedra e feriu a estátua nos pés e os destruiu e depois toda a estátua foi esmiuçada (Dn 2:32-35)

A VISÃO DE NABUCODONOSOR: A ESTÁTUA

b) A interpretação:

CABEÇA DE OURO: Referia-se a Babilônia, considerada a "jóia dos reinos, glória e orgulho dos caldeus", e sua capital foi "cidade dourada", Is. 13:19; 14:4; ao seu rei Nabucodonosor pela sua genialidade e firmeza no trono; é representado em Daniel (cap. 7) pelo leão, o rei dos animais.

PEITO E BRAÇOS DE PRATA: Referia-se ao Império Medo-Persa: Coligados, os medos e persas venceram e formaram um vasto império, porém inferior ao de Babilônia. Disse Daniel: "Depois de ti se levantará outro reino, inferior ao teu". A prata é inferior ao ouro. Simbolizado pelo urso, animal feroz, forte e sanguinário. Tinha três costelas na boca e dava marrada em sete direções; significava as três primeiras presas: Babilônia, Egito e Lídia (Dn 8:4).

VENTRE E QUADRIS DE BRONZE: Império Grego: levanta-se o Império Grego, com Alexandre, o Grande. É o terceiro reino que dominará toda a terra. Um leopardo com quatro asas e quatro cabeças; depois de conquistar o mundo, Alexandre morreu e o seu reino foi dividido entre seus quatro generais. O império Grego está representado pelo ventre e quadris de bronze, pelo leopardo e pelo bode que vinha do Ocidente sem tocar no chão, o qual tinha uma ponta notável entre os olhos (Alexandre), ela cai e aparecem quatro pontas (seus generais). Alexandre tratou bem os judeus, por causa de um sonho que teve. DIVISÃO: Ptolomeu (Egito e Chipre); Cassandro (Macedônia, Tessalia e Grécia); Seleuco Nicanor (Babilônia, Síria e Oriente); Lisímaco (Trácia e Capadócia). REDUÇÃO: de quatro para dois reinos: Ptolomeu (Egito, Líbia, Etiópia, Arábia, Fenícia, Celesíria, Chipre); Seleuco, tendo unido três dos quatro reinos dominou um grande império. (Dn 11:6-20), daí surgiu Antíoco Efifânio (175 a 164 a.C.) que profanou o Templo, sacrificando um porco no altar.

PERNAS DE FERRO E DEDOS DE BARRO E FERRO: Roma, a potência férrea. O Império romano, com suas férreas garras, subjugou todo o mundo antigo, crucificou o Messias e destruiu Jerusalém e o Templo (Dn 7:7). Animal terrível: dentes de ferro, unhas de metal, que devorava, fazia em pedaços e pisava a pés o que sobrava; tinha dez pontas na cabeça e outra que subia, diante da qual caíram três, daquela ponta que tinha olhos e uma boca que falava grandiosamente e seu parecer era mais firme. A ponta fazia guerra contra os santos e os vencia. (Dn7:19-24). Sem dúvida é a quarta divisão da estátua, porém a existência de cobre (unhas) revela que o quarto reino conservaria características do reino anterior (gregos). Os romanos dominaram os gregos militarmente e estes os dominaram culturalmente. Roma superou em atrocidade a todos: arenas, chacinas e massacres, seus imperadores não pareciam humanos.

A PEDRA PEQUENA: Até o nascimento de Jesus, o Messias prometido, o mundo foi governado por esses quatro impérios; porém com o advento dele, foi inaugurado um reino que começou pequeno (a pedra), mas se tornará um reino universal e terá toda plenitude na segunda vinda do Senhor. Todos os reinos sucumbirão, pois se mostraram ineficazes para solucionar o problema da humanidade, e então aparecerá visivelmente o reino de Cristo nesta terra.

A interpretação desse sonho mostra explicitamente que o Senhor é o Deus da história; nações se levantam e caem, aparecem e desaparecem pela sua vontade e desígnio. Ele controla todas as coisas, e o estado de aparente domínio dos grandes nesta terra será destruído para que o seu reino seja definitivamente implantado nesta terra de maneira sobrenatural, porém bem visível por todos. Esse reinado de Cristo na terra aponta para o período do Milênio, em que Ele reinará e Israel terá domínio sobre a terra e toda a humanidade será abençoada através deles.

5.2. As Revelações de Daniel acerca do Anticristo

O livro não fala muito a respeito do Messias, porém traz bastantes referências ao Anticristo, uma figura desconhecida para eles naquele tempo, mas que no futuro representará a total oposição a Deus e ao próprio Cristo. Enquanto o Messias é a "pedra" cortada sem auxílio de mãos, o "Filho do Homem" que vem sobre as nuvens do céu, o Anticristo é apresentado como o "pequeno chifre", é visto como "o rei" que se exalta acima de todos os deuses e por algum tempo tem vitórias expressivas, mas, ao tempo do fim, será destruído. Portanto, podemos afirmar, com base nessas revelações, que o primeiro rei desse período foi Nabucodonosor e o último será o Anticristo, que se exaltará no Templo dos judeus.

5.3. As Setenta Semanas

Para entendermos o que são essas "setenta semanas" vamos primeiro enxergá-las no texto bíblico; elas estão relacionadas em Daniel e Jeremias.

DANIEL: *"No ano primeiro de Dario, filho de Assuero, da linhagem dos medos, o qual foi constituído rei sobre o reino dos caldeus, no ano primeiro do seu reinado, eu, Daniel, entendi pelos livros que o número de anos, de que falara o Senhor ao profeta Jeremias, que haviam de durar as desolações de Jerusalém, era de setenta anos."* (Dn 9:1,2)

JEREMIAS: *"E toda esta terra virá a ser uma desolação e um espanto; e estas nações servirão ao rei de Babilônia setenta anos... Por que assim diz o Senhor: certamente que passados setenta anos em Babilônia, eu vos visitarei, e cumprirei sobre vós a minha boa palavra, tornando a trazer-vos a este lugar."* (Jr 25:11; 29:10)

Quando Daniel lia e meditava nas palavras de Jeremias, não conseguia entender o que estava acontecendo, pois os setenta anos já estavam se findando e não havia sinal de restauração para o povo de Deus. Por esse motivo, ele se aplica à oração para receber de Deus o entendimento da situação. Pela sua incansável busca, são revelados acontecimentos inimagináveis para o profeta, que se referiam ao tempo presente, futuro próximo e futuro distante. Contudo, os setenta anos se cumprem literalmente, o povo começou a ser levado em cativeiro no ano 606 a.C. e o fim do exílio propriamente dito foi em 536 a.C., totalizando 70 anos. Porém, Deus revelou ao seu profeta que aquelas palavras tinham fundo escatológico e direcionavam-se para eventos importantes do tempo do fim. Na revelação, subentende-se que os setenta anos são, na verdade, setenta semanas de anos, como veremos adiante.

Portanto, as setenta semanas constituem-se num dos mais importantes relatos escatológicos de toda a Bíblia Sagrada. Há diferenças de opiniões na interpretação:

1. Alguns acham que representam períodos de tempo sem limite exato, ou seja, não são exatamente quatrocentos e noventa anos, o número sete multiplicado por setenta representa totalidade, perfeição, nada mais do que isso.

2. A interpretação tradicional messiânica crê que a 70ª. Semana em Daniel (9:26,27) fala da destruição de Jerusalém no ano 70 d.C. pelos romanos, o "príncipe" é o general Tito. Portanto, segundo esses ela já se cumpriu no ano 70 d.C.

3. A interpretação dispensacionalista pré-milenista diz que a 70ª.

Semana ainda virá. Advogam que entre a 69ª. e a 70ª. Semana existe um espaço de tempo no qual a Igreja é formada e, em seguida, vem a última semana de Daniel.

O mais aceito é que os setenta anos são setenta semanas de ano, isso com base no significado original de acordo com Levítico (25:8): *"Também contarás sete sábados de anos, sete vezes sete anos; de maneira que os dias dos sete sábados de anos serão quarenta e nove anos".* Isso quer dizer que sete sábados darão quarenta e nove anos; setenta sábados (semanas) darão quatrocentos e noventa anos. Para compreendermos melhor, veremos a seguir o texto e os períodos das setenta semanas de Daniel.

5.3.1. Períodos das Setenta Semanas de Anos

Primeiramente vejamos o que diz o texto:

"Setenta semanas estão decretadas sobre o teu povo, e sobre a tua santa cidade, para fazer cessar a transgressão, para dar fim aos pecados, e para expiar a iniqüidade, e trazer a justiça eterna, e selar a visão e a profecia, e para ungir o santíssimo. Sabe e entende; desde a saída da ordem para restaurar e para edificar Jerusalém até o ungido, o príncipe, haverá sete semanas, e sessenta e duas semanas; com praças e tranqueiras se reedificará, mas em tempos angustiosos. E depois de sessenta e duas semanas será cortado o ungido, e nada lhe subsistirá; e o povo do príncipe que há de vir destruirá a cidade e o santuário, e o seu fim será com uma inundação; e até o fim haverá guerra; estão determinadas assolações. E ele fará um pacto firme com muitos por uma semana; e na metade da semana fará cessar o sacrifício e a oblação; e sobre a asa das abominações virá o assolador; e até a destruição determinada, a qual será derramada sobre o assolador." (Dn 9:24-27)

Os períodos se dividem em três da seguinte maneira:

• **<u>PRIMEIRO PERÍODO</u>**: começou com Artaxerxes, no mês de Nisã (Abril), 445 a.C. data da saída da ordem para restaurar e para edificar Jerusalém. Neemias foi comissionado pelo rei para executar este ato. Esta fase durou "sete semanas" ou quarenta e nove anos. Com isso, chega-se ao ano 396 a.C.

• **<u>SEGUNDO PERÍODO</u>**: são as sessenta e duas semanas (434 anos) até ser tirado o Messias. Aqui está incluído o período interbíblico entre Malaquias e Mateus. O Messias vem ao mundo e é morto. Pouco depois a cidade de Jerusalém é destruída e há guerras "até o fim". Esse "fim" refere-se ao final do tempo das setenta semanas. Foram exatamente 483 anos, isto é, 49 anos do primeiro período e 434 do segundo. Da saída da ordem para reconstrução de Jerusalém até a crucificação de Cristo.

• **TERCEIRO PERÍODO**: é de apenas uma semana, sete anos (Dn 9:27). Esta última semana não se segue imediatamente as 69 semanas. Com a rejeição do Messias e a expulsão dos judeus de sua terra, há um período de tempo chamado de "plenitude dos gentios" (Rm 11:25). Nesse período, a Igreja é formada, edificada e arrebatada, antes que comece esta última semana. No capítulo 9:27, existem cinco coisas que acontecerão na última semana de anos, nos sete anos do reinado do Anticristo, no tempo do fim:

1. O Anticristo fará uma aliança com Israel.

2. O Anticristo romperá a aliança feita, decorridos três anos e meio ("na metade da semana fará cessar a oferta de manjares"). Isso demonstra que o templo em Jerusalém estará então reconstruído.

3. O Anticristo se voltará contra os judeus e começará a persegui-los com furor ("sobre as asas da abominação virá o assolador"). O termo "abominação" é muito empregado na Bíblia para significar ídolos e idolatria. A alusão é a um ídolo que o Anticristo deverá introduzir no templo (Dn 11:31; 12:11; Mt 24:15)

4. O Anticristo prevalecerá contra a nação de Israel "até a consumação", isto é, até que seja totalmente destruído.

5. Cristo aparecerá para destruir o Anticristo com todas as suas hostes, livrando a nação de Israel da destruição total quando toda esperança de salvação estiver totalmente perdida (At 1.11; Mt 24.30; Zc 14.1-5; Ap 19.11ss).

Questão para Reflexão

Neste capítulo, percebemos que o profeta Daniel foi um homem temente a Deus e preocupado com a interpretação do texto sagrado, tanto que foi buscar no Senhor o entendimento daquilo que para ele era incompreensível. Com base nessa informação, você acha que nos dias atuais é importante buscar a Deus em oração para melhor entendimento da Palavra de Deus ou só o estudo basta? Comente sua resposta com os demais.

O ARREBATAMENTO DA IGREJA

A Esperança do salvo, sua firme convicção e seu propósito de ser fiel a Jesus, repousa no fato de que muito em breve alcançará sua vitória plena, no exato momento em que for arrebatado, ou seja, tirado dessa terra para ser introduzido nas "mansões celestiais" para gozar da presença do Senhor eternamente. Esse evento tão esperado será a consolidação do triunfo sobre a morte, pois nesse dia os mortos ressuscitarão e os vivos serão transformados obtendo um corpo de glória semelhante ao de Cristo. Essa é uma verdade expressa na Bíblia; o apóstolo Paulo, em seus escritos, diz que se Jesus não ressuscitou e não há ressurreição, os crentes são as criaturas mais miseráveis desse mundo. Se fosse assim, disse ele, "comamos e bebamos porque amanhã vamos morrer e tudo estará acabado".

Por ser esse um tema valioso para os fiéis, nesta unidade estudaremos sobre o grande evento que marca a história dos salvos em Cristo Jesus, para dar ânimo a todos que sofrem por amor a Ele e para que se mantenham firmes, pois o dia do triunfo se aproxima. Para tanto, apresentaremos, no primeiro capítulo, os sistemas de interpretação vigentes; no segundo capítulo, destacaremos a interpretação que se coaduna com a Palavra de Deus e traz esperança para os salvos; no terceiro capítulo, falaremos sobre a promessa da vinda de Jesus; no quarto, abordaremos o arrebatamento da Igreja e, por fim, no quinto capítulo, apresentaremos os sinais que antecedem a sua vinda.

Sistemas de Interpretação

A Escatologia, até o segundo século da era cristã, não ocupava lugar de destaque nos ensinamentos da Igreja, embora houvesse nos escritos de Paulo menção a eventos futuros; porém tais acontecimentos, até mesmo na visão paulina, davam a entender que tudo se cumpriria não muito distante daquela época. Por esse motivo, observamos cristãos totalmente desapegados às coisas materiais, já que a esperança deles era que Cristo voltaria imediatamente, de nada adiantaria fazer depósitos materiais nesta terra. Essa linha única de pensamento sobre o porvir fez com que todas as igrejas nutrissem essa mesma esperança, levando os crentes até mesmo a enfrentar a própria morte com ousadia e certa expectação. Entretanto, suas expectativas não foram concretizadas e divergências começaram a surgir a respeito do futuro. Em decorrência disso, muitas interpretações começaram a aflorar sobre a Palavra de Deus. A atenção se voltou para os textos apocalípticos para entender o que aconteceu e onde estava o erro. Nesses textos, faz-se menção de um período de tempo onde haverá paz e prosperidade nesta terra, momento esse em que Cristo governará o planeta tendo como base central Jerusalém; esse período é de mil anos, o chamado Milênio (latim *millennium*, *"mile"* e *"annus"*, "mil anos"). Por esse motivo, neste capítulo, abordaremos as três visões principais sobre o tempo em que se dará o Milênio. Vamos nos ater somente às questões de interpretação, deixando para a última unidade os pormenores sobre como será a vida nesse período. Os três pontos de vista são: Amilenismo, Pósmilenismo e Pré-milenismo.

1.1. Sistema de Interpretação Amilenista

A palavra se divide da seguinte maneira, amilenista, a/milenista, sendo, "a" prefixo privativo, de negação e "milenista", mil anos; portanto nega que haverá um período literal de mil anos antes ou depois da segunda vinda de Cristo.Obviamente é a mais simples de se entender, pois não haverá reino terrestre, era áurea e reinado de mil anos.

A palavra milênio não está registrada na Bíblia, há apenas menção desse período milenar propriamente dito em Apocalipse (20:1-7):

"E vi descer do céu um anjo, que tinha a chave do abismo e uma grande cadeia na sua mão. Ele prendeu o dragão, a antiga serpente, que é o Diabo e Satanás, e o amarrou por mil anos. Lançou-o no abismo, o qual fechou e selou sobre ele, para que não enganasse mais as nações até que os mil anos se completassem. Depois disso é necessário que ele seja solto por um pouco de tempo." (Ap. 20:1-3)

Interessante notar que os intérpretes desse ponto de vista, analisam o texto escatológico simbolicamente, sendo assim não crêem que os mil anos sejam números exatos, mas simplesmente uma representação simbólica da vitória de Cristo sobre o adversário.

"Intérpretes deste ponto de vista identificam com freqüência a prisão de Satanás no abismo com a vitória que nosso Senhor conquistou sobre ele durante seu ministério terreno."[1]

A prisão de Satanás, segundo eles, não foi literal, mas apenas significa que a sua ação e influência foi enfraquecida sobre o mundo permitindo que o Evangelho ganhasse terreno e fosse pregado sem impedimentos. Os crentes que estão reinando com Cristo são aqueles que morreram por causa do Evangelho e agora desfrutam da presença do Senhor nos céus. Entendem que os mil anos não se referem à condição temporal, terrena; mas sim à questão espiritual, mística. Jesus já está

---

1 Apocalipse: Introdução e Comentário, George Ladd, Série Cultura Bíblica, Vida Nova, pg. 193

reinando com os seus, neste caso, há mais de dois mil anos, pois o termo mil anos é simbólico, significando o poder e durabilidade do reino celestial de Cristo. De acordo com esse ponto de vista, o crente quando morre passa direto dessa vida para entrar no milênio de Cristo. Por essa análise, tudo fica fácil de interpretar; quando Cristo vier a esta terra, os mortos ressuscitarão, uns para a vida eterna e outros para a morte eterna; os que estiverem vivos e forem salvos, serão preparados para entrar na eternidade com Deus e os ímpios serão transformados para estarem eternamente distantes de Deus e sofrendo no Inferno. O Juízo Final se dará nesse momento onde só os ímpios comparecerão e para a Igreja haverá o Tribunal de Cristo, não para condenação ou absolvição, mas para receber galardão pelos atos feitos em vida. A despeito de Cristo estar reinando na terra, entendem que isso é perfeitamente possível pela ação do Espírito Santo no meio da Igreja. Algumas objeções sobre esse ponto de vista:

• Alguns acontecimentos que culminam com o início do período milenar nem sequer ainda aconteceram, como, por exemplo, a batalha do Armagedon, quando todas as confederações investirão contra o Senhor Jesus e seu povo.

• O Milênio aponta para um período de paz e justiça tal qual nunca houve na terra; porém a humanidade nunca passou por esse momento, pelo contrário, a cada dia aumenta mais a violência na terra.

• Essa corrente afirma que o Milênio não é temporal e sim espiritual, ou seja, a Igreja já está reinando com Cristo no céu através dos mártires; porém a Bíblia afirma que Cristo virá pela segunda vez a essa terra e se manifestará visivelmente (Ap 1:7) derrotando os inimigos e implantando um reino de paz e justiça nessa terra, onde Israel terá papel importante.

• Esse ponto de vista anula as promessas feitas a Israel de que herdariam plenamente a terra prometida e que seriam postos como governantes das nações, pois isso só poderia se cumprir em um período áureo para eles nessa terra. Porém, até hoje, não desfrutaram dessa promessa por completo; desde a destruição de Jerusalém no ano 70 d.C. pelo general Tito, não houve era de ouro para o povo judeu.

• O principal ponto contra esse argumento está na interpretação de Apocalipse (20:4): ***"E vi tronos; e assentaram-se sobre eles aqueles a quem foi dado o poder de julgar. E vi as almas daqueles que foram*** *degolados pelo testemunho de Jesus e pela Palavra de Deus, e que não adoraram a besta nem a sua imagem, e não receberam o sinal na testa nem na mão; e viveram e reinaram com Cristo durante mil anos"*. Essa passagem deixa claro que, antes do julgamento final, haverá um período de tempo em que os justos reinaram nesta terra com Cristo.

A Bíblia é enfática quando afirma que os mortos ressuscitarão e juntamente com os vivos serão transformados (I Ts 4:16 e 17); após, subirão ao encontro do Senhor Jesus e aí sim reinarão com Ele para sempre, seja no Milênio ou na eternidade. Portanto, dizer que já estão reinando com Cristo é ir de encontro com o que diz a Palavra.

1.2. Sistema de Interpretação Pós-Milenista

Como o próprio nome indica, significa que Cristo voltará a essa terra após o período milenar. Esse ponto de vista advoga que após a manifestação de Jesus se dará o julgamento dos vivos e dos mortos e em seguida a implantação de um novo sistema na eternidade. Eles defendem, como os Amilenistas, que não haverá uma vinda invisível de Cristo nos ares para arrebatar a Igreja; sua vinda será para todos, justos e ímpios. O Milênio é simbólico, não é literalmente um período de tempo de mil anos; crêem que a responsável pela paz e justiça nesta terra é a Igreja, que já está reinando há mais de dois mil anos. Porém, a história da igreja não se coaduna com esse pensamento, pelo contrário, houve períodos de muita injustiça e violência dentro da própria igreja.

Resumindo esse ponto de vista, podemos afirmar que com a pregação do Evangelho e um número cada vez maior de pessoas se convertendo a Cristo e, conseqüentemente com a influência da Igreja em todas as camadas da vida humana em sociedade trazendo paz, justiça, amor, bondade e conhecimento de Deus, a humanidade chegará a um tempo majestoso, pois o padrão a ser seguido será o de Deus, já que quase todos serão cristãos. Depois desse período, Cristo virá e iniciará o julgamento final, no qual crentes e incrédulos ressuscitarão para entrarem num estado eterno; uns para a vida e outros para a morte. Champlin diz o seguinte sobre esse ponto de vista:

"Essa é a posição que diz que a vinda de Cristo não antecederá, mas antes, seguir-se-á ao milênio, o qual, por sua vez, é definido como uma espécie de conversão da humanidade, por meio dos es-

forços da igreja. Agostinho, em sua Cidade de Deus, – parece ter sido o genitor dessa idéia. Supunha ele que a igreja não somente converteria ao mundo, mas também o governaria de modo bem real, produzindo uma era áurea espiritual. A vinda de Cristo ocorreria em resposta a isso, não sendo a "parousia" o agente da introdução do milênio."[2]

A Igreja proporcionará, através dos esforços missionários, a implantação de um novo Éden no planeta, onde os homens viverão à semelhança de Adão e Eva antes da queda; porém, devido a tanta prosperidade, os crentes ficaram frouxos na sua fé e Satanás sairá novamente para enganar a humanidade e conseguirá seduzir a muitos; Jesus vem para dar cabo disso tudo impedindo que tudo se repita novamente. Contra esse argumento temos as seguintes objeções:

• Dizer que a Igreja proporcionará essa era de ouro para humanidade é incoerente com as Escrituras Sagradas. A Bíblia diz que essa era virá com a manifestação de Cristo nesta terra (Ap 20:4).

• Os fatos vão à contramão da idéia de que a Igreja trará essa paz e perfeição, como aponta a própria história e também pelo fato de que a humanidade não está experimentando nenhuma melhora, mas a violência, a injustiça, a falta de amor e temor a Deus aumentam a cada dia mais e mais.

• Essa conversão gradativa de toda a humanidade não se harmoniza com os Escritos Sagrados a respeito do fim dos séculos, os quais afirmam que haverá apostasia tal qual nunca houve.

• Dizer que estamos caminhando para uma era de paz e prosperidade não se coaduna com a Bíblia no que diz respeito a um período de aflições e de intensificação do mal nesta terra onde Deus derramará sua ira sobre o mundo, chamado de Grande Tribulação.

Se o Pós-Milenismo é verdade, equivale a dizer que a Igreja está "amarrando" Satanás e por fim anulará sua ação por completo, porém, o que se vê, é uma ação cada vez mais livre de Satanás enganando e levando não só os ímpios a se entregarem mais a ações pecaminosas, mas também alguns dentro da própria igreja sendo duramente atacados por ele e até mesmo cedendo a seus ardis. Só mesmo uma intervenção divina poderá anular as investidas do Diabo contra a humanidade e inaugurar

---

2 Enciclopédia de Bíblia, Teologia e Filosofia; R.N. Champlin, editora Hagnos, vl. 4, pg. 277

um tempo de paz e prosperidade nesta terra (Mt 24:29-31,35-44).

"E, logo depois da aflição daqueles dias, o sol escurecerá, e a lua não dará a sua luz, e as estrelas cairão do céu, e as potências dos céus serão abaladas. Então, aparecerá no céu o sinal do Filho do Homem; e todas as tribos da terra se lamentarão e verão o Filho do Homem vindo sobre as nuvens do céu, com poder e grande glória. E ele enviará os seus anjos com rijo clamor de trombeta, os quais ajuntarão os seus escolhidos desde os quatro ventos, de uma à outra extremidade dos céus."

1.3. Sistema de Interpretação Pré-Milenista

Os que defendem esse ponto de vista crêem que Jesus virá outra vez a essa terra de maneira visível, antes da implantação do Milênio. Nessa doutrina, é ensinado que Cristo veio a primeira vez para oferecer aos homens o seu reino e dar-se a si mesmo em resgate de todos, porém ambos foram rejeitados, por isso Ele virá outra vez para implantar seu reinado. É importante ressaltar que, enquanto o Amilenismo e o Pós-Milenismo interpretam os acontecimentos apocalípticos de forma simbólica ou puramente espiritual, esse sistema tende a interpretar os fatos quase que totalmente literal, isso porque admite que muitos acontecimentos e figuras são simbólicos, contudo a maior parte é realidade concreta. Sendo assim, crêem num Anticristo pessoal, na Babilônia como um sistema religioso, na vinda pessoal de Jesus Cristo a essa terra, em um período de grande angústia no planeta por causa do derramamento da ira de Deus, em duas testemunhas reais que profetizarão durante algum tempo e ainda aguardam pelo menos mais duas guerras mundiais. Essa posição foi mantida pela igreja primitiva nos seus primeiros três séculos, tendo como adeptos Papias, Irineu, Justino Mártir, Tertuliano, Hipólito, Metódio, Comodiano e Lactâncio. Com a chegada ao poder do Imperador Constantino, no quarto século da era cristã, as perseguições à Igreja cessaram, o Imperador oficializou o Cristianismo como religião do império e passaram a crer no Amilenismo, ou seja, o Milênio era uma superstição, ponto defendido por Agostinho. Outros como Martinho Lutero e Calvino foram cautelosos na interpretação pré-milenista.

"Apesar de sua oposição, foi um teólogo calvinista, Johann Heinrich Alsted (1588-1638) quem reviveu o ensino do pré-milenismo em forma acadêmica no mundo moderno. O livro de Alsted, The

Beloved City ("A Cidade Amada" – 1627), que apresentava seus pontos de vista, fez com que o instruído estudioso anglicano Joseph Mede (1586-1638) se tornasse pré-milenista. As obras de ambos ajudaram a inspirar o desejo pelo reino de Deus na terra que acompanhou a irrupção da revolução puritana na década de 1640. Entretanto, com a restauração dos Stuart, essa perspectiva caiu em descrédito devido à sua conexão com grupos puritanos radicais como os Homens da Quinta Monarquia ("Fifth Monarchy Men"). Mesmo assim, o fato de que o pré-milenismo não foi extinto no século XVIII é evidenciado pelo interesse de J.H. Bengel Issac Newton e Joseph Priestley."[3]

Nessa visão, Cristo virá para pelejar pelo povo judeu em um momento de crise sem precedente na história desse povo, numa batalha chamada de Armagedon, que se dará logo após a Grande Tribulação. Ele vencerá os inimigos, julgará as nações, prenderá Satanás e implantará o seu reinado literal neste mundo que, segundo essa corrente de pensamento, durará exatamente mil anos; em seguida, o Diabo será solto novamente, enganará as nações e será definitivamente aniquilado, sendo lançado no Lago de Fogo. Após isso, virá o julgamento dos mortos.

Os que defendem esse ponto de vista crêem que a vinda do Senhor Jesus será precedida por sinais e acontecimentos importantes como guerras, pestes, fomes, violência sem igual, terremotos, furacões, grande apostasia, pregação do Evangelho no mundo todo, o surgimento do Anticristo e, por fim, um período de grande tribulação. Após sua vinda, virá um período de paz e justiça, no qual não haverá mais guerras, injustiças, fome, dor, todos conhecerão a Deus e a natureza estará em harmonia com o homem. Existem dois tipos de pré-milenismo: o Histórico e o Dispensacionalista.

a) Pré-Milenismo Histórico: nesse pensamento, não há uma distinção extrema entre a Igreja e Israel. Crê-se na ação de Deus na história de maneira que tanto um quanto outro tem papel importante no desenvolvimento de Seu plano; e se entrelaçam no desenvolvimento histórico do Seu Reino. Todos os acontecimentos têm a ver com ambos, em que um depende ou se completa no outro. Nessa visão, não há

---

3 Milênio: Significado e Interpretações, editado por Robert G. Clouse, editora Luz para o Caminho, pg. 10

separação ou marcos históricos para o povo judeu e para os salvos, em que um se distancia totalmente do outro quando estão sendo tratados por Deus. Para entender melhor, apresentaremos uma cronologia de acordo com o pensamento pré-milenista histórico.

Israel surge no cenário mundial como povo separado por Deus para abençoar todas as famílias da terra. Por causa de sua desobediência e incredulidade, passam por tempos de disciplina e sofrimento; em meio a tantas dificuldades, surge uma profecia a respeito de um Messias que restauraria Israel e o colocaria como cabeça das nações; no tempo determinado por Deus, nasce um menino em Belém, chamado Jesus, que era o próprio Messias prometido, ele é rejeitado pelos judeus, mas todos aqueles que o aceitaram se tornaram participantes da promessa divina, neste caso, tanto judeus (povo da promessa) quanto gentios (pagãos) foram beneficiados. No final dos tempos, Cristo virá pela segunda vez e trará grande livramento para Israel, porém, quando essa vinda acontecer, Ele estará acompanhado da Igreja, da qual fazem parte os salvos arrebatados no momento do arrebatamento e inclusive aqueles que alcançaram a salvação no período da Grande Tribulação; em seguida, virá o Milênio, período em que ambos, Igreja e povo judeu, estarão reinando com Cristo durante os mil anos. O que percebemos nesse ponto de vista é que não há separação entre um povo e outro; não vemos a Igreja sendo afastada do contexto histórico para que Deus cumpra suas promessas em Israel, pelo contrário, ela está bem ativa no que tange ao povo da promessa.

b) Pré-Milenismo Dispensacionalista: os que defendem essa posição, ao contrário do exposto anteriormente, afirmam que há sim distinção entre Israel e a Igreja. Dizem que as profecias do Antigo Testamento relativas ao povo judeu não se cumprirão cabalmente; o que só ocorrerá num futuro próximo, durante o Milênio. Crêem que na atualidade vivemos a dispensação da Igreja. Quando ela for tirada da terra, o que ocorrerá antes da Grande Tribulação, virá a dispensação do juízo de Deus nesta terra e logo em seguida a dispensação milenar ou de Israel. Nessa época, voltarão os sacrifícios e todos os cerimoniais judaicos, portanto a Igreja não terá participação nenhuma. Porém, a Bíblia diz o contrário em Hebreus:

"Porque, repreendendo-os, lhes diz: Eis que virão dias, diz o Senhor, em que com a casa de Israel e com a casa de Judá estabelecerei um novo concerto, não segundo o concerto que fiz com seus

pais, no dia em que os tomei pela mão, para os tirar da terra do Egito; como não permaneceram naquele meu concerto, eu para eles não atentei, diz o Senhor. Porque este é o concerto que, depois daqueles dias, farei com a casa de Israel, diz o Senhor: porei as minhas leis no seu entendimento e em seu coração as escreverei; e eu lhes serei por Deus, e eles me serão por povo... Dizendo novo concerto, envelheceu o primeiro. Ora, o que foi tornado velho e se envelhece perto está de acabar." (Hb 8:8-10;13).

O antigo pacto era um símbolo transitório que apontava para algo melhor e eterno através de Jesus Cristo. Portanto, retornar aos sacrifícios é anular a tipologia do Antigo Testamento e o próprio sacrifício do Filho de Deus na cruz do Calvário.

Dissemos que, de acordo com esse ponto de vista, a Igreja se mantém como agência de Cristo nesta terra até que venha o período de grande aflição, denominado Grande Tribulação, momento em que os salvos serão arrebatados para estarem para sempre com o Senhor. Porém, a polêmica que surge é se a Igreja será arrebatada antes, durante ou depois desse período de aflição. Dessa dúvida, surgem três opiniões distintas intituladas Pré-Tribulacionismo, Mid-Tribulacionismo e Pós-Tribulacionismo, as quais discutiremos no próximo capítulo.

Questão para Reflexão

De acordo com esse estudo, há três sistemas de interpretação distintos sobre o Milênio. Crer ou não na existência do Milênio e quando ele de fato acontecerá influi de alguma maneira na espiritualidade do servo de Deus? Comente com os colegas sua resposta.

CAPÍTULO 2

Pré-milenismo: Discussão Sobre a Época do Arrebatamento

A grande expectativa daqueles que servem a Jesus é o dia em que Ele virá nos ares e convocará sua Igreja para ir ao encontro dEle. Quando chegar esse momento, todas as dores, sofrimentos, angústias e tribulações ficaram pra trás, serão esquecidas; terá início uma eternidade de paz e alegria na presença de Deus. Será nesse instante que os justos verão a diferença entre o que serve a Deus em espírito e em verdade e o que engana na casa do Senhor. Jesus falou sobre esse dia e deixou claro que está ansioso por ele. Na última ceia, Cristo afirmou que só cearia novamente no céu junto com a sua Igreja.

Certa vez, os discípulos O indagaram a respeito de quando seria esse dia; Ele lhes disse que ninguém o conhece, somente o Pai; nem o Filho, o Verbo encarnado, naquele momento sabia. Uma coisa Ele deixou clara: que a sua Igreja, no final dos tempos, quando grande aflição se abater sobre o mundo, será guardada. Porém, ao longo da história da Igreja, a pergunta que não quer calar é se os salvos serão arrebatados antes, durante ou depois da Grande Tribulação. Por isso, neste capítulo, analisaremos com mais profundidade o pré-milenismo que traz três opiniões distintas sobre esse acontecimento: pré-tribulacionismo, mid-tribula-cionismo e pós-tribulacionismo.

2.1. O Pré-Tribulacionismo

Essa é uma opinião clássica, aceita pela maioria dos crentes. Afirma que ao se aproximar o período da Grande Tribulação, que durará, segundo essa linha de interpretação, 7 anos literais, Jesus descerá a este mundo até o meio do caminho, ficando entre céu e terra. Neste momento, pela ação do Espírito Santo, acontecerá um milagre fenomenal. Os que tiverem morrido em Cristo, portanto, salvos, serão reunidos aos seus corpos, ressuscitarão, serão glorificados em sua constituição carnal; e aqueles que por essa ocasião estiverem vivos terão os seus corpos transformados em corpo de glória, unir-se-ão aos mortos já ressuscitados e transformados para juntos subirem ao encontro do Senhor Jesus nos ares. Quando esse fato ocorrer, os salvos não entrarão direto no céu da eternidade; antes, passarão por uma espécie de avaliação de suas obras no chamado Tribunal de Cristo, onde serão julgados como salvos e não como pecadores; logo após, entrarão no céu para participarem das Bodas do Cordeiro, momento de confraternização na presença do Senhor. Enquanto isso, na terra haverá angústia tal qual nunca houve, no período chamado de a Grande Tribulação. Quando os 7 anos se acabarem, Cristo reunirá os santos e descerá a esta terra visivelmente, quando todos o verão, salvará o povo judeu de destruição e reinará nesta terra por espaço de 1000 anos com sua Igreja.

Os pré-tribulacionistas crêem que durante o período de grande aflição, os salvos não estarão na terra (foram arrebatados), mas o povo de Israel, que antes rejeitara a Jesus como o Messias, estará recebendo tratamento da parte de Deus quando, então, haverá conversão em massa dessa nação. Entende-se que, apesar da rejeição dos judeus a Jesus, o Senhor Deus não os abandonou completamente, apenas deu uma pausa para com eles e, nesse tempo, ergueu a Igreja nesta terra; porém, após a formação da Assembléia dos Santos, o Senhor se volta para Israel e continua o seu propósito para com eles, o qual terá seu ápice nesse período, que não é para a Igreja e sim para eles. Por isso, os que defendem esse ponto de vista crêem que os Santos serão arrebatados antes do período da Grande Tribulação. A distinção está no fato de que as promessas feitas a Israel não se cumpriram, mas se cumprirão nessa era; não se pode espiritualizar e dizer que tudo se cumpriu na Igreja. Israel e a Igreja são diferentes para Deus no que diz respeito às promessas. Para esta, são no âmbito espiritual e eterno; para aquele, são no âmbito temporal, quando esse povo dominará a terra tendo Cristo como seu Rei. Portanto, resumindo essa linha de pensamento, podemos afirmar que a Igreja será tirada da terra antes do Milênio e da Grande Tribulação. De acordo com essa interpretação, haverá nesse período duas ressurreições: uma que antecede ao período tribulacional, quando vivos e mortos serão transformados; outra no final desse período, quando os mártires ressuscitarão para se juntarem à Igreja e virem para a terra reinar com Cristo durante os mil anos.

2.2. Mid-Tribulacionismo

Essa linha de interpretação aceita por um considerável número de teólogos da atualidade, inclusive pentecostais, advoga que o Milênio é de fato real, a Grande Tribulação acontecerá antes desse período milenar; porém a Igreja não será tirada da terra nem antes e nem depois da Grande Tribulação, mais precisamente no meio dessa fase, ou seja, a Igreja passará pela primeira metade dela, sendo "raptada" depois que vir o Anticristo se manifestar e Israel ser enganado por ele. Crêem que será um período final de provação para os crentes, pois só serão levados os que não tiverem o sinal da Besta ou que morrerem por se negarem a abandonar a Cristo.

A argumentação é a mesma do Pré-Tribulacionismo, a única diferença está no ponto em que a Igreja será arrebatada no meio da Grande Tribulação. Em tese, a distinção entre Israel e a Igreja permanece, em que esta sofre reflexos do que acontece com aquele. Acreditam que quando o Anticristo de fato mostrar quem ele é, infligindo perseguição terrível contra o povo de Deus e contra todos que se recusarem a venerá-lo, os salvos serão tirados. Os que defendem essa linha de raciocínio têm dificuldade em aceitar que a Igreja não verá o aparecimento do Anticristo e nem sentirá na pele, pelo menos, o início dessa angústia sem igual sobre a face da terra. Crêem que será nesse momento que se descobrirá de fato quem serve a Deus de verdade e quem apenas engana ou tem motivações espúrias. Contra esse argumento temos a palavra de Paulo aos Tessalonicenses: *"... e esperar dos céus a seu Filho, a quem ressuscitou dos mortos, a saber, Jesus, que nos livra da ira futura."* (I Ts 1:10). Essa "ira futura" é uma alusão ao período da Grande Tribulação que, conforme está escrito nessa passagem, os salvos não a alcançarão, mas estarão livres dela. Nessa linha de interpretação não haverá duas ressurreições, apenas uma, pois os mártires salvos serão aqueles que foram martirizados até essa etapa da Grande Tribulação.

2.3. Pós-Tribulacionismo

Essa doutrina preconiza que a Igreja será arrebatada da terra após a Grande Tribulação, ou seja, a Igreja passará por todos os castigos e cataclismos que ocorrerão neste mundo. Será um período probatório para os salvos como o foi para a Igreja primitiva na época das perseguições romanas, em especial a perseguição Diocleciana, em 250 d.C., em que pertencer à Igreja de Cristo não trazia nenhum benefício material e sim a morte; portanto só vinham a Cristo os que realmente queriam a salvação. No Mid- Tribulacionismo, o pensamento é que a Igreja passará pelo menos pelo início dos castigos sobre a terra. No Pós-Tribulacionismo, ela passará por tudo. De acordo com essa visão, após o período de 7 anos da Grande Tribulação, os salvos que não se dobraram diante do Anticristo serão arrebatados para receber galardão e voltarão para reinar com Cristo durante os mil anos que se seguirão. Neste caso, não crêem em duas ressurreições para esse tempo como os pré-tribulacionistas, crêem que ocorrerá somente uma ressurreição para os salvos, todos ao mesmo tempo.

Contra esse argumento está o fato de que no livro do Apocalipse, do capítulo 4 ao 20, não há menção da Igreja nesta terra, e é justamente nesses capítulos que está o desenrolar da Grande Tribulação. Onde está a Igreja nesse período? Está no céu com Jesus participando de uma festa chamada "Bodas do Cordeiro".

2.4. Em defesa do Pré-milenismo Pré-tribulacionista

Depois de apresentar todos os ramos de interpretação escatológica no que diz respeito à Grande Tribulação e ao Milênio, faremos nosso posicionamento e a partir de então todo o desenvolvimento desta obra terá como base essa linha de interpretação. A nossa posição é pré-milenista e pré-tribulacionista. Cremos que a vinda de Jesus a este mundo ocorrerá antes do período milenar e, dentro dessa visão, defendemos que a Grande Tribulação é literal e que os salvos serão arrebatados antes do início desse período de tribulação fazendo parte da primeira ressurreição e os outros, no decorrer desse período, fazendo parte da segunda ressurreição e se unindo com os da primeira para virem com Cristo governar por mil anos. Não fazemos distinção extrema entre Israel e a Igreja, cremos que se completam no plano eterno de Deus. Na verdade, o que ocorre são promessas que divergem entre si no relacionamento de cada um com Deus; O Messias, Jesus, veio para os judeus, como eles não quiseram, entra o momento dos gentios, como está escrito em João (1:11-13):

"Veio para o que era seu, e os seus não o receberam. Mas a todos quantos o receberam deu-lhes o poder de serem feitos filhos de Deus: aos que crêem no seu nome, os quais não nasceram do sangue, nem da vontade da carne, nem da vontade do varão, mas de Deus."

Entendemos que houve apenas uma pausa no trato com Israel no que diz respeito às promessas feitas no Antigo Testamento e, dentro desse espaço de tempo, os gentios e os próprios judeus têm a oportunidade de serem agraciados com a salvação em Cristo Jesus. Essa pausa, ou etapa, termina com o arrebatamento da Igreja, em seguida prossegue o desenrolar dos acontecimentos relativos a Israel no cenário mundial. Essa defesa é com base na interpretação das setenta semanas de Daniel que apresenta claramente um espaço de tempo entre a morte de Cristo e a última semana (Dn 9:25-27). Esse espaço de tempo é chamado de "a plenitude dos gentios"(Rm 11:25).

PRÉ-MILENISMO

Pré-Tribulacionismo
A Igreja é arrebatada antes da Grande Tribulação

Mid-Tribulacionismo
A Igreja é arrebatada na metade da Grande Tribulação

Pós-Tribulacionismo
A Igreja é arrebatada depois da Grande Tribulação

Questão para reflexão

Neste capítulo, falamos muito sobre a volta de Cristo a esta terra antes da implantação do Milênio. Pensando nisso, como você avalia, nos dias atuais, a esperança do arrebatamento da Igreja? Ela diminuiu ou aumentou? Justifique sua resposta e compartilhe com a classe.

CAPÍTULO 3

A Promessa de Sua Vinda

A Bíblia relata o relacionamento do Senhor com seus servos e, dentro dessa relação, sempre há promessas feitas por Ele para com aqueles que o servem. As promessas do Senhor jamais falham; essa é a confiança que temos nEle. Jesus, quando esteve nesta terra, separou discípulos para o acompanharem em sua caminhada e fez promessas a eles, as quais se estendem a todos quantos iriam segui-lo; dentre essas promessas, a maior é o seu retorno para buscar seus seguidores. Ele tranqüilizou seus discípulos com essa palavra.

No intuito de apresentar a verdade sobre a vinda de Cristo, com base nas Escrituras Sagradas, apresentaremos neste capítulo e no próximo, o assunto que retrata essa importante doutrina bíblica, de acordo com a visão pré-milenista e pré-tribulacionista. Para tanto, discutiremos, num primeiro momento, sobre a promessa da vinda de Jesus para arrebatar sua Igreja e, a seguir, veremos o desenrolar dessa promessa na história.

3.1. A Promessa da Vinda de Jesus

Jesus, antes de partir, fez uma promessa para a Igreja de que retornaria para levá-la para junto dEle. Essa é a promessa mais importante para os salvos, constitui a base de sua própria fé. A Igreja primitiva se apegou a essa promessa e esperava ansiosamente por esse momento. Embora o Senhor tenha dito que o dia e a hora ninguém sabia, só o Pai, os crentes daquela época viviam como se o arrebatamento fosse de repente, ainda no tempo deles. Vejamos algumas características do povo de Deus daquela época que aguardava o cumprimento da Palavra de Jesus sobre o seu retorno, encontradas basicamente no livro de Atos:

• Era uma Igreja viva, trabalhadora e praticamente com desapego às coisas deste mundo, sejam propriedades, projetos, família, trabalho, lazer e vida comum em sociedade.

• Não se misturavam com as demais pessoas, mas viviam separados não aceitando o modo de vida pagão, demonstrando serem diferentes em tudo.

• Tudo era em comum entre eles.

• Alguns chegaram a vender suas posses e depositar o dinheiro aos pés dos apóstolos para que fosse repartido com os mais pobres.

• Reuniam-se nas suas casas todos os dias, partindo pão, orando e buscando ao Senhor.

• O único desejo que tinham, era ser fiel a Deus em comunhão uns com os outros, apenas aguardando o momento tão desejado.

> *"Todos os que criam estavam unidos e tinham tudo em comum. E vendiam suas propriedades e bens e os repartiam por todos, segundo a necessidade de cada um. E, perseverando unânimes todos os dias no templo, e partindo o pão em casa, comiam com alegria e singeleza de coração, louvando a Deus, e caindo na graça de todo o povo. E cada dia acrescentava o Senhor os que iam sendo salvos."* (At 2:44-47)

A despeito disso, salientamos que, os israelitas também tinham uma promessa da parte de Deus: o Messias. Ele seria levantado nesta terra para libertar o povo de Deus das mãos do inimigo e elevá-lo à condição de cabeça sobre as nações, inaugurando um reino que jamais seria derrubado. Porém, o Messias prometido veio, mas os judeus não perceberam e rejeitaram o "Desejado das Nações"; por causa dessa rejeição, a bênção foi estendida aos gentios, povo considerado pelos judeus como imundo e sem direito algum às promessas do Senhor. Deus demonstra seu grande amor e misericórdia estendendo a mão a um povo que não O conhecia para colocá-lo na mesma condição dos israelitas, fazendo da mistura de todos eles, judeus e gentios, pela sua graça, um só povo que passa a ser chamado de "Noiva do Cordeiro", "Sacerdócio Real", "Povo Adquirido", a "Igreja" (Jo 1:11-13)

Esse povo, a Igreja, foi edificado nesta terra pelo próprio Senhor Jesus, que para isso deu sua própria vida e garantiu que nada poderia abalar sua estrutura fazendo-a prevalecer contra todos os inimigos. Jesus se colocou como a pedra sobre a qual ela seria erguida. De fato, pela sua morte e ressurreição, garantiu a vida da Igreja e, pela sua segunda vinda, selará a promessa fazendo com que seja cumprida cabalmente. Entre a promessa e o seu cumprimento final, há um período de tempo que já dura mais de dois mil anos, tempo que assume alguns nomes como, "Plenitude dos Gentios" ou "Tempo da Graça".

> *"Respondeu-lhe Simão Pedro: Tu és o Cristo, o Filho do Deus vivo. Disse-lhe Jesus: Bem-aventurado és tu, Simão Barjonas, porque não foi carne e sangue quem to revelou, mas meu Pai, que está nos céus. Pois também eu te digo que tu és Pedro, e sobre esta pedra edificarei a minha igreja, e as portas do inferno não prevalecerão contra ela."* (Mt 16:16-18)

O tempo dos gentios começa, basicamente, quando o Ungido é tirado, de acordo com a profecia do Profeta Daniel (Dn 9:27), e só terminará quando Cristo pisar novamente esta terra para inaugurar o Seu reino. Lançamos mão do livro de Daniel para entendermos melhor esse período de tempo. Como foi visto na unidade anterior, Daniel teve uma revelação sobre as setenta semanas de anos reservadas ao povo de Israel. Com a morte e ressurreição de Jesus, completaram-se sessenta e nove semanas, restando a última semana de anos, ou seja, a septuagésima semana de Daniel. Entre uma e outra há esse espaço de tempo no qual é formada a Igreja do Senhor Jesus, com pessoas de toda tribo, língua e povo. Quanto tempo mais durará esse período não sabemos, mas podemos analisar a história para vermos como o povo de Deus lidou com a sua segunda vinda desde o início.

> *"Então toda a multidão se calou e escutava a Barnabé e a Paulo, que contavam quantos sinais e prodígios Deus havia feito por meio deles entre os gentios. Depois que se calaram, Tiago, tomando a palavra, disse: Irmãos, ouvi-me: Simão relatou como primeiramente Deus visitou os gentios para tomar dentre eles um povo para o seu Nome."* (At 15:12-14)

"Porque não quero irmãos, que ignoreis este mistério (para que não presumais de vós mesmos): que o endurecimento veio em parte sobre Israel, até que a plenitude dos gentios haja entrado." (Rm 11:25)

3.2. A Promessa de Sua Vinda em Relação à História

Desde o momento em que Cristo subiu aos céus, sendo ocultado por uma nuvem, à vista de muitos, até o seu retorno, como fora dito pelos anjos que ali estavam (At 1:11), a história da humanidade continuou, inclusive da própria igreja. A demora evidente desse retorno levou a Igreja a viver momentos de incerteza ao longo da história fazendo com que, em alguns instantes, a volta de Cristo fosse esperada eminentemente e, em outros, quase esquecida.

Como foi dito anteriormente, os judeus não esperavam e não acreditavam que o Messias viria a esta terra duas vezes, embora o livro de Daniel deixe transparecer essa doutrina (Dn 9:26). Como a Igreja no seu início era formada praticamente por judeus, aliás, os que participaram de sua fundação eram todos israelitas (os discípulos e o próprio Jesus), eles queriam que Jesus tirasse suas dúvidas sobre quando o Templo seria destruído e quando seria a sua vinda e o fim do mundo.

"Ora, Jesus, tendo saído do templo, ia-se retirando, quando se aproximaram dele os seus discípulos, para lhe mostrarem os edifícios do templo. Mas ele lhes disse: Não vedes tudo isto? Em verdade vos digo que não se deixará aqui pedra sobre pedra que não seja derribada. E estando ele sentado no Monte das Oliveiras, chegaram-se a ele os seus discípulos em particular, dizendo: Declara-nos quando serão essas coisas, e que sinal haverá da tua vinda e do fim do mundo." (Mt 24:1-3)

Ao que tudo indica, Jesus durante seu ministério, disse aos discípulos que seria rejeitado por Israel e por causa disso formaria outro povo, que não seria uma etnia única, mas teria pessoas de todas as etnias da terra. A oportunidade seria para todos, através da pregação do Evangelho, findando com a segunda vinda de Cristo. Portanto, estamos vivendo hoje o momento da Igreja, ou como muitos gostam de chamar "período da graça"; tempo em que o Espírito Santo atua livremente e de maneira intensa na vida de homens e mulheres que aceitaram a Cristo como Senhor e Salvador de suas vidas. Esse "hoje" é denominado de

que faz parte desta coleção). Um desses métodos era impedir o livre acesso de seus fiéis às Escrituras Sagradas. Por causa disso, os reformadores empreendem esforços para o retorno à Palavra e dão ênfase ao estudo e interpretação da Bíblia relegando a doutrina da Escatologia, não que a desprezassem, mas o enfoque era outro. Martinho Lutero, Calvino e outros reformadores tinham conceitos formados sobre essa doutrina, no entanto deu-se maior atenção à doutrina da Salvação.

A partir do século XIX, a ênfase sobre a doutrina das "Últimas coisas" voltou com força total e passou a ser, não somente ensinada, mas esperada com certa expectação. Ao entrarmos no século XX, o mundo passou por duas guerras mundiais, que abalaram as estruturas da humanidade, e o medo de "um fim" passou a tomar conta das pessoas. Havia um ditado popular que dizia: "Mil passará, dois mil não chegará". Junto com esses acontecimentos, surge o Movimento Pentecostal, cuja ênfase estava nos dons do Espírito e na "Volta de Jesus". Esse foi um avivamento sem igual, que reavivou as esperanças dos crentes sobre o Arrebatamento da Igreja.

Nestes últimos dias, no entanto, essa esperança sofreu um revés e o destaque recaiu sobre movimentos e liturgias que dão enfoque a um paraíso terreno, balizado pelas diversas modalidades de "Teologias de Prosperidade", em que, mesmo o cristão, segue a tendência do mundo atual, ou seja, o "ter" sobrepuja em tudo o "ser". O século XXI está sendo caracterizado por um tempo de misticismo sincrético, ou seja, todo e qualquer caminho no final leva à verdade absoluta ou a Deus. Não há anseio pela volta de Cristo, mas sim em satisfazer todos os desejos do coração em nome da fé "ecumênica Gospel".

Mas, a Bíblia afirma no Salmo 125:1 *"Aqueles que confiam no Senhor são como o monte Sião, que não pode ser abalado, mas permanece para sempre"*. Em meio a tantas incertezas e distorções, há pessoas que tem temor a Deus, amam a Sua Palavra, vivem neste mundo longe do pecado e aguardam com fervor a volta de Cristo. O crente não pode nunca se cansar de meditar nesta mensagem, que é a razão de sua existência e luta: "Jesus breve virá".

Questão para Reflexão

A vinda de Jesus para arrebatar a sua Igreja é uma promessa que teve vários momentos na história do povo de Deus. Como você analisa essa promessa em relação à Igreja de hoje?

CAPÍTULO 4

O Arrebatamento da Igreja

Nos capítulos anteriores desta unidade, apresentamos as correntes de interpretação sobre a época do Milênio e o momento em que se dará o arrebatamento da Igreja e a confiança que o salvo tem de que Cristo virá buscá-lo, que, de acordo com este estudo, dar-se-á antes do Milênio e antes da Grande Tribulação. Neste capítulo, vamos dar continuidade ao tema sobre a vinda de Jesus, estudo relevante e central do Cristianismo. Esse evento é muito esperado por todos aqueles que professam a fé cristã, será o ápice da jornada rumo ao céu para estar com o Senhor Deus. É assunto intrigante e fascinante, conduzindo muitos a se aventurem na sua interpretação, devido à sua importância sem igual. Infelizmente, há muitos estudos e pensamentos contraditórios, alguns baseados em supostas revelações vindas da parte de Deus, levando tais profetas a predizerem com exatidão o dia do arrebatamento da Igreja, porém a própria história tem demonstrado que é um erro fatal tentar marcar essa data, pois todas as revelações falharam.

No intuito de apresentar a verdade sobre a vinda de Cristo, com base nas Escrituras Sagradas, a qual é um assunto tão importante para a Igreja, discutiremos, num primeiro momento, sobre o significado da "parousia", e o que de fato a Bíblia ensina sobre ela, e sobre as fases da vinda do Senhor.

4.1. O Arrebatamento da Igreja e a Segunda vinda de Cristo

" Estando eles com os olhos fitos no céu, enquanto ele subia, eis que junto deles apareceram dois varões vestidos de branco, os quais lhes disseram: Varões galileus, por que ficais aí olhando para o céu? Esse Jesus, que dentre vós foi elevado para o céu, há de vir assim como para o céu o vistes ir." (At 1:10 e 11)

A segunda manifestação de Cristo nesta terra é corroborada pela Escritura Sagrada; nela o próprio Cristo atesta que um dia voltará (Mt 16.27;24.30,32-51; 25.1-13; Mc13.31-36; Lc 19.11-27; Jo 14.3). Esse fato é mencionado só no Novo Testamento mais de 300 vezes; o apóstolo Paulo menciona pelo menos cinqüenta; epístolas inteiras falam desse assunto (I e II Tessalonicenses) e também capítulos (Mateus 24; Marcos 13). Esse momento é muito aguardado pelos crentes fiéis ao Senhor; é uma esperança para o salvo que não vê neste mundo nenhum atrativo que o faça desejar permanecer nele, a não ser o fato de querer pregar o Evangelho para que mais vidas tenham um encontro com o Senhor Jesus e possam também desfrutar da mesma esperança. O apóstolo Paulo disse em uma de suas cartas que para ele o melhor seria estar com Cristo, ou seja, deixar este mundo material e adentrar o espiritual; porém, por causa do amor aos irmãos e pelo desejo de levar a Palavra aos perdidos, preferia abreviar mais o tempo da sua partida.

"Segundo a minha ardente expectativa e esperança, de que em nada serei confundido; antes, com toda a ousadia, Cristo será, tanto agora como sempre, engrandecido no meu corpo, seja pela vida, seja pela morte. Porque para mim o viver é Cristo e o morrer é lucro. Mas, se o viver na carne resultar para mim em fruto do meu trabalho, não sei então o que hei de escolher. Mas de ambos os lados estou em aperto, tendo desejo de partir e estar com Cristo, porque isto é ainda muito melhor; todavia, por causa de vós, julgo mais necessário permanecer na carne." (Fl 1:20-24)

Há dois termos usados para essa "Segunda Vinda", os quais são: "parousia" e "Epifhaneia". O primeiro literalmente quer dizer "presença", "chegada rápida", "visita"; o segundo significa "manifestação", "vir à luz". A verdade é que ambos tem a ver com o retorno de Cristo, a "Parousia" seria o retorno de Cristo a esta terra, porém de forma visível a todos, nesse caso Ele pisaria nesta terra para instaurar o reino milenar.

Já a "Epifhaneia" seria sua manifestação sobre as nuvens, nos ares, momento esse em que os salvos são conduzidos até Ele para esse encontro glorioso, o que equivale dizer que nesse instante somente a Igreja o verá, será uma manifestação invisível para os demais. No entanto, o termo mais utilizado para a "Segunda Vinda" é "Parousia", ela tem um sentido mais abrangente, refere-se tanto à sua vinda nos ares, visível apenas para os salvos, quanto ao seu retorno visível a esta terra para implantação do seu reinado. Passaremos, doravante, a usar esse termo em referencia à segunda manifestação de Cristo.

4.2. As Fases da Vinda do Senhor Jesus

A "Parousia" é uma doutrina que nos ensina sobre a volta pessoal de Cristo para os remidos em particular e para os demais seres humanos. Para que esse pensamento seja compreendido, dividiremos a "Segunda Vinda" em duas fases, o que auxilia a evitar a aparente contradição sobre esse fato, pois parece não haver ordem no desenrolar dos acontecimentos, ocasionando confusão sobre a sua manifestação. Consideremos estes dois aspectos:

4.2.1. A Primeira Fase da Vinda de Cristo: refere-se ao momento em que Ele se manifestará nas nuvens do céu, ou seja, descerá até o meio do caminho, entre o céu e a terra, nos ares, na atmosfera. Cremos, porém, que essa manifestação será no âmbito sobrenatural, pois com a tecnologia atual, os satélites poderiam facilmente detectar e transmitir algo assim tão fascinante, milhões de pessoas voando pelos céus ao encontro do Senhor. Quando Jesus estiver posicionado, então ocorrerá o maior milagre de todos os tempos, o qual será operado pelo Espírito Santo de Deus: os salvos que estiverem mortos sairão do local em que se encontram no céu, uma espécie de paraíso celestial ou uma ante-sala das moradas do céu, e serão reunidos aos seus corpos, após esses serem restaurados não importando o lugar ou a forma como foram destruídos pelo processo natural da morte biológica. Em seguida, os crentes fiéis que estiverem vivos sofrerão uma transformação em que seus corpos mortais serão revestidos de imortalidade e glória, outro acontecimento fenomenal realizado pelo Espírito Santo, e imediatamente se unirão aos mortos ressuscitados em glória e juntos serão guiados pelo Espírito ao encontro do tão esperado noivo.

"Dizemo-vos, pois, isto pela palavra do Senhor: que nós, os que

ficarmos vivos para a vinda do Senhor, não precederemos os que dormem. Porque o mesmo Senhor descerá do céu com alarido, e com voz de arcanjo, e com a trombeta de Deus; e os que morreram em Cristo ressuscitarão primeiro; depois, nós os que ficarmos vivos, seremos arrebatados juntamente com eles nas nuvens, a encontrar o Senhor nos ares, e assim estaremos sempre com o Senhor. Portanto, consolai-vos uns aos outros com estas palavras." (I Ts 4:15-18)

Importante dizer que, quando Jesus subiu para o céu, foi visto apenas pelos seus servos que aqui representam a Igreja; quando do seu retorno, o mesmo acontecerá, só será visto, nesta primeira fase, pelos salvos. Neste dia maravilhoso, os crentes ouvirão o chamado, porém somente aqueles que verdadeiramente esperam a sua vinda e mantiveram suas vidas no altar, em santidade, temor e reverência a Deus e a sua Palavra. Fazendo um paralelo da passagem bíblica da primeira carta aos tessalonicenses acima citada com a parábola das dez virgens, entendemos que, assim como na parábola, ouviu-se uma voz que dizia que o noivo estava chegando; também no dia do arrebatamento haverá um aviso ou chamamento no instante desse acontecimento. Há muita controvérsia e discussão teológica sobre o "alarido", a "voz do arcanjo" e a "trombeta de Deus"; alguns pensam que são etapas do chamamento para o encontro com Jesus, em que o alarido é para os que morreram em Cristo ressuscitarem; a voz do arcanjo é para os que estiverem vivos e a trombeta é um toque de ajuntamento para que todos juntos subam ao encontro do Senhor. Porém, a verdade é que as três expressões se referem a um chamamento para que os salvos se reúnam e vão ao encontro do Senhor nos ares. Uma coisa é certa: a trombeta soará e somente os salvos a ouvirão.

A esse fenômeno sobrenatural dá-se o nome de "Arrebatamento", palavra oriunda da expressão constante na primeira carta de Paulo aos Tessalonicenses (4:17): ***"Depois, nós, os que ficarmos vivos, seremos arrebatados juntamente com eles nas nuvens, a encontrar o Senhor nos ares, e assim estaremos sempre com o Senhor"***. Paulo aqui é enfático ao se referir aos que serão arrebatados: somente aqueles que fazem parte da Igreja. Arrebatamento significa "retirada repentina", "rápida", "de improviso", "com violência", e o mais apropriado para compreendermos é "rapto".

A pergunta é: por que essa retirada da Igreja tão incisiva, violenta e rápida? A resposta está à nossa volta. Quando olhamos para este mundo, o sistema que o guia e o crescente aumento de violência, falta de paz, de amor e respeito entre as pessoas e para com Deus, o que parece não haver solução, cheiram mal. Num lugar assim, não é possível que fiquem pessoas boas, que amam a Deus de verdade e O temem, por isso a retirada da Igreja será rápida, com força e também provisória, pois quando ela for tirada se iniciará o período chamado de Grande Tribulação, em que a ira de Deus será derramada nesta terra. Os salvos não enfrentarão essa ira, pois estarão protegidos com Jesus até que esse período se finde e o Senhor Jesus venha a esta terra e junto com ele a sua "Noiva". Podemos analisar o arrebatamento por quatro ângulos distintos: será um tempo de grande alegria para os salvos; de grande angústia para os crentes que ficarem; de grande espanto para o restante da humanidade e de maior liberdade para a atuação do Maligno.

• **Para os Salvos**: contentamento por colher o resultado de toda uma vida de abnegação, renúncia da carne, dos prazeres do mundo nocivos à espiritualidade, de rejeição, de conflitos, sofrimentos e enfretamentos como a morte, enfermidades, humilhação e perdas por amor a Cristo. Verão que valeu a pena suportar todas as lutas e perseguições, pois agora nada disso fará parte dessa nova vida com Cristo, não haverá mais medo, angústia e decepções. Nesse momento, será entendida na íntegra a diferença entre o que serve a Deus e o que não serve. Cremos que o êxtase desse instante de glória, conduzido pelo Espírito Santo, é indescritível. Um corpo livre das mazelas naturais como doenças, fraquezas e todo tipo de deterioração; um intelecto que se abre para compreender a magnitude do mundo espiritual e um espírito livre da opressão do pecado, do conflito entre bem e mal. Um ser de glória, perfeito. Quando esse dia chegar, o pecado não terá mais lugar dentro de nenhum dos salvos, conseqüentemente a morte será totalmente banida e não mais terá domínio, Satanás nunca mais os tentará, pois chegaram à estatura de varão perfeito, tendo um corpo igual ao de Cristo, pronto para viver com Ele na eternidade.

> *"Eis aqui vos digo um mistério: Na verdade, nem todos dormiremos, mas todos seremos transformados, num momento, num abrir e fechar de olhos, ante a última trombeta; porque a trombeta soará, e os mortos ressuscitarão incorruptíveis, e nós seremos transformados... Onde está, ó morte, o teu aguilhão? Onde está, ó*

inferno, a tua vitória? Ora, o aguilhão da morte é o pecado, e a força do pecado é a lei. Mas graças a Deus, que nos dá a vitória por nosso Senhor Jesus Cristo" (I Cr 15:51,52,55-57)

"Porque os que dantes conheceu, também os predestinou para se- rem conformes à imagem de seu Filho, a fim de que ele seja o primogênito entre muitos irmãos." (Rm 8:29)

"Mas a nossa cidade está nos céus, donde também esperamos o Salvador, o Senhor Jesus Cristo, que transformará o nosso corpo abatido, para ser conforme o seu corpo glorioso, segundo o seu eficaz poder de sujeitar também a si todas as coisas." (Fl 3:20,21)

• **Para os "crentes" que ficarem**: será um dia de horror, angústia e desespero. Esses "crentes" não participaram do arrebatamento por não terem mantido uma vida reta diante dEle, por não se preocupa- rem em atender ao conselho de Jesus para vigiar e orar, para não ser pego de surpresa. Nesse momento, perceberão, tardiamente, o erro que cometeram por se deixarem ser seduzidos pelos prazeres do mundo. Vão ficar os que praticaram a iniqüidade, que viveram suas vidas, ainda que dentro de uma igreja (denominação), fora da Pala- vra; que optaram por enganar na casa de Deus; aqueles cujo único objetivo na vida cristã era enriquecer com a fé, obter status e vanta- gens; aqueles que deram um outro nome para o pecado, bem bonito e atraente para poderem participar e se entregarem a carnalidade; que não amaram verdadeiramente ao irmão; não praticaram o per- dão, a humildade e o cuidado com o próximo; que ao invés de evangelizar, fazer a obra de Deus e anunciar a salvação em Jesus, viveram um hedonismo "gospel" cujo objetivo é somente buscar os prazeres dessa vida; que desconheceram a seriedade e urgência de tirar o pecador das trevas, passando a maior parte do tempo na TV, no cinema, na *internet*, nos jogos, nas festas, no trabalho em excesso e vida regalada, não que o lazer seja errado, mas não deve ocupar o lugar de primazia em relação à obra de Deus. Ficarão também os que pregaram, ensinaram e lideraram, mas que não viveram o que falavam; que fizeram da Palavra de Deus um meio para conseguir ganho pessoal; que enganaram muitos com discursos com aparência de piedade quando na verdade queriam matar, roubar e destruir; e, por fim, aqueles que já não queriam mais o céu de Jesus, mas viver o paraíso aqui na terra através de uma falsa Teologia de Prosperidade e já não esperavam mais a volta dEle, aliás, nem falavam sobre ela. Esses, com certeza, não participarão da maratona celestial ao encontro do Senhor Jesus. Haverá muito lamento e dor, mas será tarde demais, terão de enfrentar a Grande Tribulação (I Jo 2.18; Ap 3.11,22).

• **Para os incrédulos**: haverá grande espanto, muitas interrogações e desespero total, pois muitos entes queridos desaparecerão, pois foram arrebatados, já que eram crentes fiéis. A maioria dos estudiosos ainda crê que até mesmo as criancinhas, cujas famílias não são crentes, serão arrebatadas; sendo assim, a dor e o desespero aumentarão; e mães não entenderão o que aconteceu com seus filhinhos. Muitos dos incrédulos que tiveram contato íntimo com os crentes, que freqüentavam a igreja, mas sem compromisso e ouviram falar da volta de Jesus, entenderão que os crentes "fanáticos" tinham razão. Cremos que, num primeiro momento, muitos procurarão as igrejas e os líderes que ficaram para saber o que deverão fazer. Talvez alguns até gritarão e chamarão por Jesus querendo misericórdia e uma segunda chance para aquele instante, porém será tarde demais, a oportunidade foi encerrada. Desastres acontecerão, pois muitos servos fiéis arrebatados estarão no momento dirigindo um ônibus, um automóvel, um caminhão, aviões; outros trabalhando em máquinas pesadas; outros, em área tecnológica; outros realizando cirurgias e outras atividades que podem desencadear transtornos irreparáveis. Algumas empresas do setor de aviação, preocupadas com a segurança de seus passageiros, tem como meta preventiva nunca colocar, para pilotar seus aviões, dois pilotos crentes. Assim como foi na época de Moisés, na saída do povo das terras de Faraó, na última praga lançada, que foi a mortandade dos primogênitos dos egípcios, em que houve grande pranto, dor e desespero para as famílias do Egito, o mesmo ocorrerá nesse fatídico dia para a humanidade incrédula.

• **Liberdade maior para atuação do Maligno**: com o arrebatamento da Igreja, a atuação de Satanás será mais intensa na terra. Essa liberdade de atuação será maior, porque o que ainda preserva esse mundo de coisas piores são os salvos que aqui estão; a Bíblia afirma que eles são o sal da terra e a luz do mundo. A Igreja é sal porque preserva a humanidade, impedindo a sua total deterioração e apodrecimento; é luz porque impede que as tribos da terra estejam em total escuridão. Mas, ao ser tirada do meio do mundo, permitirá que o pecado cresça e tenha domínio total e a escuridão invadirá todos os lugares. Nesse tempo se levantará o "iníquo", o "homem do pecado", o "filho da perdição", pois o que o detém foi tirado (II Ts 2:1-11). Não há como mensurar o caos que será instaurado na sociedade humana. Cremos que o homem chegará aos mais baixos níveis de imoralidade, violência e horror. Haverá muita destruição, desordem e desumanidade. O Diabo atuará com grande ira, e ao ser tirado do seu trono nos ares e lançado na terra, estará pronto para dilacerar as vidas.

"O ladrão não vem senão a roubar, a matar e a destruir; eu vim para que tenham vida e a tenham com abundância." (Jo 10:10)

"E foi precipitado o grande dragão, a antiga serpente, chamada o diabo e Satanás, que engana todo o mundo; ele foi precipitado na terra, e os seus anjos foram lançados com ele... Pelo que alegrai-vos, ó céus, e vós que neles habitais. Ai dos que habitam na terra e no mar! Porque o diabo desceu a vós e tem grande ira, sabendo que já tem pouco tempo." (Ap 12:9,12)

4.2.2. A Segunda Fase da Vinda de Cristo: este é o instante na história da humanidade em que Cristo virá a esta terra pessoalmente acompanhado de seus santos, momento esse que todo olho o verá. Isso quer dizer que todos presenciarão sua vinda, e será implantado nesse mundo o Seu reino milenial. Importante ressaltar que esse evento majestoso se dará no fim do período da Grande Tribulação, no qual estará ocorrendo uma batalha mundial, chamada de Armagedon, cujo objetivo é aniquilar a nação de Israel, mas Cristo se manifesta visivelmente para salvar Israel da destruição e fazê-los compreender que Ele é o Messias prometido desde a antiguidade.

"Eis que vem com as nuvens, e todo olho o verá, até mesmo aqueles que o traspassaram; e todas as tribos da terra se lamentarão sobre ele. Sim. Amém." (Ap 1:7)

"Eu estava olhando nas minhas visões noturnas, e eis que vinha com as nuvens do céu um como filho de homem; e dirigiu-se ao

ancião de dias, e foi apresentado diante dele. E foi-lhe dado domínio, e glória, e um reino, para que todos os povos, nações e línguas o servissem; o seu domínio é um domínio eterno, que não passará, e o seu reino tal, que não será destruído." (Dn 7:13,14)

"Então aparecerá no céu o sinal do Filho do homem, e todas as tribos da terra se lamentarão, e verão vir o Filho do homem sobre as nuvens do céu, com poder e grande glória." (Mt 24:30)

"Respondeu-lhe Jesus: É como disseste; contudo vos digo que vereis em breve o Filho do homem assentado à direita do Poder, e vindo sobre as nuvens do céu." (Mt 26:64)

A VINDA DE CRISTO (DUAS FASES)

PRIMEIRA FASE
• Somente para os Salvos, o restante das pessoas não verá
• A Igreja será levada pelo Espírito Santo ao encontro do Senhor Jesus nos ares
• Cristo não pisará na Terra
• Os mortos em Cristo ressuscitarão e os vivos serão transformados

SEGUNDA FASE
• Sua vinda será visível todo olho o verá
• A Igreja retorna com Ele a esta Terra
• Ele pisará nessa Terra
• Julgará as Nações depois da vitória em Armagedon
• Iniciará o Milênio

Questão para Reflexão
Nota-se, nos dias atuais, que em muitas de nossas igrejas não está mais havendo pregação sobre o arrebatamento da Igreja, às vezes nem se fala. Na sua opinião, o que está acontecendo? Por que há tanta ênfase em assuntos que tem mais a ver com a vida na terra do que com a celestial? O que fazer para estar preparado para o dia do arrebatamento?

CAPÍTULO 5

Sinais que Antecedem a Vinda de Cristo

Sinais dos tempos são elementos indicadores de um acontecimento maior em importância e escala. Semelhante ao que acontece na natureza, parece que ela não deixa de avisar quando uma catástrofe está prestes a acontecer. Já houve relatos de pessoas que sentiram pequenos tremores que chegaram a trincar paredes e logo depois veio um terrível terremoto que destruiu metade da cidade. Os indicadores são importantes, pois contribuem para que não haja surpresa e dão tempo para que as pessoas procurem refúgio seguro. Quando nos voltamos para a Palavra de Deus, vemos sinais que antecedem grandes eventos históricos. Antes que qualquer coisa aconteça, Deus dá avisos; como foi com Noé e sua geração, o sinal era a construção da arca e a pregação do patriarca. Na destruição de Sodoma e Gomorra, anjos de Deus estiveram lá antes do fatídico dia para alertar Ló e sua família sobre a iminente destruição.

O maior acontecimento que está para vir é o arrebatamento da Igreja e a manifestação visível de Cristo nesta terra. Como dissemos anteriormente, deste dia e hora ninguém sabe, porém Jesus deixou indicadores para nos alertar da proximidade desse momento. Pensando nisso, neste capítulo final desta unidade, apresentaremos os sinais que indicam o retorno de Jesus.

5.1. Prenúncios da Vinda de Cristo

Em geral, grandes acontecimentos podem ser previstos. Nada acontece por acaso ou sem um aparente começo. A queda dos muros de Berlim, na Alemanha, não foi no momento em que foram utilizados os instrumentos para derrubá-lo; teve início muito antes através de movimentos políticos e de inteligência militar. Sempre que um vulcão vai entrar em erupção, antes ele solta muita fumaça, indicando que muito em breve chegará ao ápice de sua força. Quando nos referimos à volta de Cristo, que é de fato o maior acontecimento de todos os tempos, depois de seu nascimento, morte e ressurreição, não podemos deixar de mencionar os eventos que antecedem e anunciam que sua vinda está próxima. Há muitos sinais, porém o dia e a hora ninguém sabe, nem mesmo o Filho, enquanto estava aqui na terra Ele disse desconhecer esse instante (Mt 24:30,36). Importante dizer que a menção que Jesus faz dos sinais de seu retorno, exclusivamente em Mateus 24 e 25, devem ser analisados sob dois aspectos: ora Ele se refere a fatos sobre sua vinda pessoal a esta terra, e que todos o verão; ora se refere à sua vinda nas nuvens para arrebatar a Igreja. Quando Jesus falava com seus discípulos a respeito de seu retorno, a princípio suas palavras parecem se referir a apenas um evento, contudo, ao fazermos um estudo detalhado de sua fala, como registrado nas Escrituras Sagradas em Mateus (24 e 25), percebemos que Ele faz uma diferenciação entre sua vinda para Israel e para a Igreja. Quando Ele afirma em Mateus (24:29,30) que o Filho do Homem virá nas nuvens e todos verão, claramente se refere à sua vinda pessoal a este mundo visível a todos, porém esse fato ocorrerá depois que houver sinais no céu. Já no capítulo (25), quando ele lança mão da Parábola das dez virgens, há uma indicação que fala para aqueles que o aceitarão e serão partes integrantes da sua Noiva. Nota-se que não há menção de sinais claros desse momento, somente uma voz que anuncia que vem o Noivo; também no dia do arrebatamento da Igreja, será ouvida a trombeta que anuncia o grande ajuntamento dos santos, que será ouvida somente pelos que estiverem preparados. Para os que não se preocuparam em permanecer fiel ao Senhor esquecendo-se de sua vinda, o sinal será o próprio rapto da Igreja, que causará grande espanto e desespero, por saberem que Jesus veio e não foram levados. Devemos considerar ainda que falar sobre o arrebatamento naquele instante para os discípulos, que eram todos judeus, seria prematuro, mas Jesus sabia que, quando a Igreja fosse levantada nesta terra, entenderiam as suas palavras. Portanto, estudaremos os sinais sob dois ângulos: na terra e nos ares.

5.1.1. Indicadores de sua Vinda Pessoal em Solo Terrestre: importante dizer que o plano de Deus para com Israel não foi anulado, mas, por causa de sua rebeldia e dureza de coração, houve um adiamento. Na verdade, a sua rejeição ao Messias, Jesus, resultou na edificação de um povo especial nesta terra, a Igreja. Ao falar para os discípulos, Jesus se refere a um tempo em que os judeus serão enganados, perseguidos e sofrerão muito, havendo até mesmo tentativa de aniquilá-los por completo. Justamente nesse momento aparecerá o Messias para lhes dar livramento e esse é Jesus Cristo, o qual eles rejeitaram. Os sinais são para eles e para todos que se juntarem a eles na esperança de um salvador. Os indicadores desse instante são:
- Surgimento de falsos profetas;
- A profanação do Templo, que nesse período terá sido reconstruído, quando o Anticristo, chamado de a "abominação da desolação", estiver no lugar santo e se autoproclamar deus;
- Haverá sinais na natureza, as potências dos céus serão abaladas, sol e lua sofrerão mudanças e perderão a sua glória; alguns crêem que quando o Anticristo se revelar como opositor do povo de Deus, e este perceber o erro que cometeu, clamará pelo Messias.
- Aparecerá no céu o sinal do Filho do Homem, o qual alguns acreditam ser uma cruz, outros, a própria glória do Senhor com os seus santos.

Portanto, os que estiverem vivos nesse período, se fizerem uma leitura dos acontecimentos à sua volta, terão condições de precisar o grande dia do livramento pela vinda do Senhor Jesus. Nesse caso, no período da Grande Tribulação, os que estiverem atentos, não serão pegos de surpresa, pois os indícios da volta de Cristo serão notórios; além do mais, se levarmos em consideração que os 7 anos são literais, não será difícil prever esse dia.

5.1.2. Indicadores de Sua Vinda para Arrebatar a Igreja: ao que se refere ao arrebatamento da Igreja, a situação muda por completo; embora haja sinais, o dia e a hora são uma incógnita para todos, só Deus sabe. Ressaltamos que, enquanto Verbo encarnado aqui neste mundo, Jesus, por abrir mão de usar deliberadamente seus atributos divinos, não sabia quando seria o dia de sua volta, mas cremos que depois de sua ressurreição e ascensão aos céus e de se assentar à direita de Deus, reassumindo todo poder e glória, certamente não há nada oculto a Ele, nem mesmo o dia da sua vinda. Quanto aos sinais, eles existem, porém não nos dão precisão como no caso anterior. Por isso, Jesus aconselha a vigilância e a oração para não sermos pegos de surpresa. Contudo, os acontecimentos apontam para a brevidade de sua vinda nos ares, os quais são:

• Aumento da iniqüidade; pecado já não é mais pecado, apenas uma opção de vida;

• Não há mais pecado, tudo é relativo e depende do ponto de vista de cada pessoa; em alguns casos, já está até legalizado pela justiça dos homens;

• Não há mais amor, paz e justiça; vivemos em um mundo em que a vida humana vale menos do que um pneu furado ou do que uma nota de um real.

• Há uma proliferação muito grande de falsos profetas, de lobos travestidos de ovelhas, de pastores mentirosos e sem amor pela obra de Deus.

• Sinais como: fome, pestes, violência, terremotos em grande escala, guerras (já tivemos duas mundiais).

• Outro sinal, muito importante e que serve como referencial da verdade bíblica é o florescimento da figueira, Israel, que em 1948 se tornou de fato um país, decisão tomada na ONU e que se tornou possível com o voto de minerva de brasileiro. Em Mateus (24:32) está escrito: *"Aprendei, pois, esta parábola da figueira: quando já os seus ramos se tornam tenros e brotam folhas, sabeis que está próximo o verão."*

• O maior de todos os sinais é a apostasia dos últimos tempos, caracterizado pelo esfriamento espiritual e pela falta de fé por parte de muitos (Mt 24:12).

• Outro indicador está nas profecias de Daniel que diz que no fim dos tempos a ciência se multiplicaria; estamos presenciando esse "boom" científico através das tecnologias de ponta e descobrimentos científicos fantásticos; em cem anos a ciência deu um salto de dezenas de séculos.

Porém, são apenas indicadores, não adianta querer, como alguns, marcar o dia e a hora, limitemo-nos a estar preparados para que esse dia não seja uma surpresa desagradável. Já tentaram marcar, mas todas as previsões foram frustradas.

Recapitulando, podemos afirmar que, no período da Grande Tribulação, poder-se-á precisar o dia da volta do Senhor Jesus, porém, no período da Graça, não há como diagnosticar com precisão o momento exato do arrebatamento da Igreja. É imprescindível para aqueles que professam sua fé em Jesus Cristo que estejam atentos e saibam fazer uma leitura do tempo presente para se ver livre do engano do diabo e assim não permitir que sua coroa seja roubada por ele. Quem lê os sinais sabe muito bem que em breve Jesus voltará. Houve várias tentativas de se determinar a data precisa do arrebatamento, porém nenhuma delas se concretizou. A preocupação não deve ser em quando Jesus vai buscar sua Igreja, mas sim em estar preparado para esse momento.

5.2. Pontos Importantes a Considerar sobre a Segunda Vinda de Cristo

Estamos estudando, neste capítulo, sobre a segunda vinda e é bom mostrarmos a diferença entre essa e a primeira. Toda ação tem uma conseqüência, um resultado; não será diferente quando do retorno de Jesus. Por isso, é relevante conhecermos um pouco mais sobre esse maravilhoso evento, seu propósito e resultados.

5.2.1. Diferença entre a Primeira e a Segunda Vinda de Cristo

Na verdade, o propósito era e é o mesmo: restabelecer a vida espiritual do homem e norteá-lo rumo à comunhão com seu Criador, Deus.

• Na primeira, Ele veio como Cordeiro para ser morto e pelo seu sangue resgatar a humanidade (Jo 1.29). Na segunda, virá como Leão tomando vingança e destruindo a todos que se opõem a Ele e a Deus (Ap 5:5).

• Na primeira, em estado de humilhação, disposto a sofrer, abriu mão de todo seu poder e se anulou indo até a morte, e morte de cruz (Fl 2:7; II Co 8:9). Porém, na segunda, virá como soberano para reinar com vara de ferro e trazendo morte a todos que não se sujeitarem ao seu governo (Mt 16.27; Ap 12.5; 19.15).

• Na primeira vez, foi açoitado com vara, levou bofetadas, pauladas e foi ridicularizado pelos inimigos (Mc 14:43-48). Na próxima, virá para julgar e dar a justa recompensa (Mt 19.28; At 10.42; 17.31; 1 Pe 4.5).

• Numa, recebe uma coroa de espinhos que foi cravada em seu crânio enquanto ouvia zombarias sobre seu reinado (Mc 15:17). Na que está por vir, virá com uma coroa de glória e rodeado pelos seus santos para estabelecer na terra o seu reinado, lançando por terra todos os seus inimigos (Hb 2.9; Ap 14.14).

5.2.2. Propósitos da Vinda do Senhor

Ele virá, e quando isso acontecer trará alegria para uns e tristeza e dor para outros. Os propósitos são:

• Ressuscitar todos os que morreram no Senhor (I Ts 4:15).

• Promover a transformação em glória dos mortos ressuscitados e dos que estiverem vivos por ocasião do arrebatamento para levá-los ao céu (I Ts 4:16,17).

• Para julgar os crentes no seu Tribunal com o objetivo de galardoá-los, recompensá-los (Ap 22:12).

• Tomar vingança contra os rebeldes e desobedientes (II Ts 1:7-10); (Ap 19:11-21).

• Julgar as nações vivas no final da Grande Tribulação (Mt 25:31-46).

• Livrar Israel do domínio de seus inimigos.

• Restabelecer o trono de Davi e cumprir sua promessa de que o seu reino seria eterno (Is 9:6,7; Jr 30:7-11).

• Livrar o mundo por espaço de mil anos da influência direta de Satanás enviando um anjo para acorrentá-lo (Ap 19:20; 20:1-3).

• Ao estabelecer o Milênio, irá reger as nações, governá-las com sabedoria e justiça (Ap 19:15,16).

• Libertar a terra da maldição através de um reinado de paz (At 3:20,21; Rm 8:21).

• Instituir um reinado teocrático de plena paz e perfeita prosperidade (Zc 14.9; Is 11.1ss; Ap 20.2-7).

5.2.3. Conseqüências do Arrebatamento da Igreja

Os resultados são os seguintes:

• A Igreja estará ausente desta terra, pois será arrebatada. Sendo ela o sal da terra e a luz do mundo, sua ausência trará deterioração terrível para a humanidade e as trevas terão domínio neste mundo.

• A ação do Espírito Santo não será a mesma, como ocorre agora. Alguns dizem que quando Ele conduzir a Igreja ao encontro do Senhor estará também ausente, porém esclarecemos que essa ausência tenha a ver com sua atuação e não com sua presença, isso porque Deus é onipresente e não há, portanto, lugar onde Ele não esteja.

• Haverá grande inquietação e tribulação no meio dos povos. A humanidade será pega de surpresa e ficará sem entender de fato o que aconteceu.

• Com esse evento, inicia-se o período chamado de 'Grande Tribulação'.

Sinais do Arrebatamento

- APOSTASIA
- AUMENTO DA INIQUIDADE
- RELATIVISMO
- ABALOS NA NATUREZA
- AUMENTO DA VIOLÊNCIA
- FOME
- PESTES
- ESCASSEZ
- FALSOS PROFETAS
- FALTA DE AMOR
- PAZ
- JUSTIÇA

Questão para Reflexão

Fazendo uma leitura dos dias atuais e olhando para a história recente, quais indicadores você consegue detectar sobre a vinda de Jesus para buscar sua Igreja? Especifique e comente com os colegas.

A VITÓRIA FINAL DA IGREJA

Enquanto o crente está aqui nesta terra, passa por momentos de intensa batalha. Luta contra Satanás e seus demônios, contra o sistema da sociedade, contra os inimigos e contra si mesmo. Não há trégua; constantemente está em luta acirrada. Porém, nessa guerra travada, ele tem o auxílio do Espírito Santo para que possa suportar tudo e vencer dia a dia. Por esse motivo, a vida do servo de Deus deve ser de oração, consagração, meditação na Palavra, amor a Deus e ao próximo e, o principal, vida de vigilância para não cair na tentação do maligno. Essa é a realidade, pois dizer que não vai haver dor, sofrimento, lutas e perdas enquanto for servo de Cristo neste mundo é contradizer o Evangelho de Jesus. É preciso entender que a nossa vitória plena não está aqui na terra. Nosso triunfo está no céu com o Mestre para todo o sempre quando será compreendido que o triunfo aqui não se compara com o de lá. Sen-do assim, vale todo esforço para vencer os inimigos e manter uma vida voltada para as coisas do Senhor Deus.

Neste capítulo, visando fortalecer a fé do crente e dando ânimo para que continue na sua luta sem desistir, trabalharemos pontos importantes que dizem respeito ao porvir. Para isso, no primeiro capítulo, discorreremos sobre um assunto que é destaque na vida humana e também na do servo de Deus: a Morte. No segundo capítulo, falaremos sobre a Ressurreição, que é a razão do sacrifício de Jesus na cruz e a viva esperança da Igreja. No terceiro capítulo, apresentaremos o destino temporário e eterno dos salvos e dos ímpios. No quarto e quinto capítulos, conceituaremos o Tribunal de Cristo com suas implicações na vida do servo de Jesus e as Bodas do Cordeiro, festa de triunfo dos salvos.

CAPÍTULO 1

Tratados sobre a Morte

Há dois grandes mistérios que povoam o intelecto e o imaginário do ser humano: um é a morte e o outro é o seu contraponto, a ressurreição. Não é fácil para ninguém pensar sobre isso, principalmente sobre a morte, aliás, só se pensa sobre ela quando está bem próxima. Esses são dois temas preferidos e exaustivamente pesquisados e debatidos por filósofos, psicólogos, parapsicólogos, cientistas e teólogos, pois estão no campo do metafísico, do sobrenatural; não são explicados naturalmente, e o que o homem não entende, fascina-o, levando-o a uma pesquisa mais elaborada. Enquanto um leva o ser humano ao desânimo, angústia, incerteza e clara rejeição; o outro traz alento, esperança, refrigério e tem total aceitação.

Achamos importante abordar esse assunto dentro do período tribulacional, pois nele falaremos sobre temas que envolvem morte e ressurreição, terra e céu, vivos e mortos. Portanto, neste capítulo, estudaremos sobre a morte em todos os seus aspectos, no Antigo e Novo Testamentos; os símbolos que a envolvem e o que a Bíblia diz acerca desse tema.

1.1. A Morte

A Bíblia diz, no livro de Gênesis, que Deus primeiramente formou o primeiro homem, Adão, do pó da terra, ou seja, foi feito do barro; em seguida, soprou nas narinas da "escultura" feita, dando a ela fôlego de vida, existência consciente e sobrenatural, tornando-a alma vivente. Percebemos na compleição humana, de imediato, dois aspectos: um físico, biológico, e outro espiritual, metafísico. Na dimensão biológica, ele é constituído de carne, ossos e sangue, com membros bem articulados e preparados para desempenhar as mais diversas funções, de maneira que todos são dependentes entre si, seja o maior ou menor. Na dimensão metafísica, isto é, sobre-humana, é constituído de alma e espírito, em que a alma é a parte espiritual que atua através do intelecto do homem, que utiliza o cérebro e todo sistema nervoso para interagir com o mundo material, tendo domínio sobre o corpo, levando-o a desempenhar todas as funções de seu interesse, desde as mais simples como caminhar; até as mais complexas como falar e pensar; e o espírito é aquela parte espiritual que interage com a alma e conseqüentemente tem ação sobre o corpo; também é o meio pelo qual o homem interage com o mundo espiritual e com o próprio Deus. Essa doutrina está de acordo com a Tricotomia (ver livro desta coleção: Teologia Sistemática). Portanto, de acordo com o exposto, o homem é um ser tricotômico, constituído de corpo, alma e espírito (Gn 1:26,27;2:7).

Estava tudo perfeito e maravilhoso, até que o homem criado por Deus resolveu desobedecer a seu Criador e viver sua própria vida longe dEle e próximo a Satanás. Porém, a advertência fora dada, caso desobedecessem à Palavra de Deus, a morte seria parte integrante de seu contexto de existência (Gn 2:15-17).

Foi dessa maneira que a morte veio a se tornar uma realidade trágica para a vida humana. Mas a pergunta que fica é: o que de fato é a morte? Para responder a essa pergunta, vamos primeiro dar as definições etimológicas da palavra. Morte no grego é "thanatos", significa "estar separado", "separação"; no hebraico é "maweth", tem a ver com sepultura, cova. Observa-se que não há o sentido de aniquilamento, mas de cessação de um estado atual para iniciar outro de aspecto diferente. A morte em linguagem biológica molecular é definida como a dissolução da estruturação molecular necessária para o fenômeno de vida. Num sentido mais restrito, morte é a cessação do processo vital de um organismo vivo. Louis Berkhof diz o seguinte:

> *"A morte não é uma cessação da existência, mas uma disjunção das relações naturais da vida. A vida e a morte não são antagônicas entre si como ocorre com a existência e a não existência,*

mas são mutuamente opostas somente como diferentes modos de existência. É deveras impossível dizer exatamente o que é a morte. Falamos dela como a cessação da vida física, mas então surge imediatamente a pergunta: O que é precisamente a vida? E não temos resposta. Não sabemos o que é a morte em sua essência, mas a conhecemos somente em suas relações e ações. E a experiência nos ensina que, onde estas são separadas e cessam, a morte entra. A morte é um rompimento das relações naturais da vida. Pode-se dizer que o pecado é per se (por si mesmo) morte, porque representa um rompimento das relações vitais do homem, criado à imagem de Deus, com o seu Criador. Significa a perda dessa imagem e, conseqüentemente, perturba todas as relações da vida. Este rompimento também se dá na separação de corpo e alma, chamada morte física."[1]

O fato é que a morte é uma realidade para todo ser humano; é um destino implacável e sem negociação, pois ela não escolhe posição financeira, cor, sexo, raça, patente, religião ou qualquer outra coisa. É um inimigo antigo que, há tempos, o homem vem tentando, por seus próprios meios, livrar-se dele. Ela está presente em todas as culturas, desde as mais remotas às atuais, como um mal indestrutível, que deve ser simplesmente aceito. No entanto, grandes culturas, entre elas a principal, a egípcia, desde os primórdios de sua existência, cria que depois da morte havia continuidade de vida. Tanto é que nos sepulcros dos faraós havia cadeiras, utensílios e, na maioria dos casos, esqueletos de escravos, que eram enterrados vivos ou mortos juntamente com seus senhores para, na outra vida, continuarem servindo-os.

Portanto, através da morte, o homem sai do plano existencial terreno e adentra o plano espiritual. Assim crêem a maioria das religiões e, inclusive, a religião cristã. A Bíblia comprovadamente é a favor da vida pós-morte, seja no Antigo ou no Novo testamento. Ela é vista nas páginas sagradas como punição pela desobediência humana e insistência em viver à margem de seu Criador, Deus. O apóstolo Paulo fala dela como se fosse uma recompensa a ser recebida por atos cometidos, ele escreveu: ***"Porque o salário do pecado é a morte, mas o dom gratuito de Deus é a vida eterna, por Cristo Jesus, nosso Senhor" (Rm 6:23).*** Certo professor

---

1 Louis Berkhof, Teologia Sistemática, Ed. Cultura Cristã, SP, pg. 617

disse a seguinte frase: nós vivemos de morte, significando que, a partir do momento em que o homem vem a este mundo através da concepção, inicia-se o processo natural de deterioração física.

Outro fator a ser considerado é que não sabemos como e quando iremos morrer, a não ser doentes terminais. Para esses, o dia e a hora já estão marcados pela medicina, porém, mesmo nesses casos, já houve situações de pessoas saudáveis morrerem antes deles. Já houve o caso de determinada pessoa que saiu às pressas para uma outra cidade, no intuito de visitar o pai que estava internado em um hospital, desenganado pelos médicos, tendo poucas horas de vida; no trajeto, ocorreu um acidente e o filho faleceu antes do pai. A morte é uma incerteza, mas todos sabem que vão morrer e ninguém quer passar por isso. Como ela é, na essência, difícil saber; não temos experiências concretas, pois para isso precisamos morrer. O que há são relatos de pessoas que dizem ter ficado entre a vida e a morte ou que estiveram de fato mortas e reviveram para contar a experiência. Há também relatos bíblicos de pessoas que morreram e ressuscitaram, como é o caso de Lázaro, amigo de Jesus, que ressuscitou depois de quatro dias; porém suas experiências não estão registradas no texto sagrado. As provas de hoje são um tanto duvidosas, pois cada pessoa vê ou passa por situações do outro lado que na verdade estão de acordo com sua cultura religiosa. Assim sendo, se um budista morre e volta, ele diz ter tido um encontro com Buda; se for um Católico Romano, diz ter visto uma luz no fim de um túnel e lá estava Maria, a mãe de Jesus; se for um Espírita, encontra com os entes queridos do outro lado; se for um crente, vislumbra as ruas de ouro, anjos e, claro, tem um encontro com o próprio Jesus. O problema é que muitos vão e voltam trazendo revelações contraditórias e, no caso dos crentes, contrárias à Palavra de Deus. Esses acontecimentos são chamados no círculo científico de EQMs (Experiências de Quase Morte), a pessoa pensa que morreu, mas na verdade passa por uma espécie de coma e o seu cérebro, como mecanismo de defesa e preservação, acaba fazendo-a viver situações que estão de acordo com seu modo de vida. Com essa afirmativa, não queremos dizer que não haja casos de pessoas morrerem e pela vontade de Jesus tornarem a viver e relatar suas experiências; porém alertamos sobre falsos casos que trazem muita confusão no meio do povo de Deus. Tudo deve ser examinado à luz da Palavra de Deus.

1.2. Aspectos da morte

A morte tem duplo aspecto: ela é biológica e espiritual.

a) Morte Biológica: de modo simples, podemos afirmar que é a separação entre corpo e alma. Para muitos pensadores, o corpo é a prisão da alma, com a morte ocorre a sua libertação. Esse era o pensamento de um filósofo chamado Platão. Para outro filósofo, chamado Sócrates, era como um sonho eterno, no qual não há mais dor e sofrimento, por isso ele a desejou, chegando a beber cicuta (veneno) para apressar sua ida. Para os esotéricos, é apenas uma passagem de um estado para outro. Para Jó, Davi, Paulo e todos os crentes, é estar na presença de Deus (Jó 19:25-27; Sl 16:8-11; 17:15; 73; Fl 1:21).

b) Morte Espiritual: podemos dizer que é ulterior à morte biológica. Enquanto na morte física ocorre a separação entre corpo e alma, na espiritual há a separação entre o homem e Deus por toda a eternidade. Por isso, a morte espiritual é também chamada de "Segunda Morte" ou "Morte Eterna". O pecado está intimamente ligado a essa morte, embora também tenha forte influência sobre a biológica. Se o homem não se arrepender, além de perder a vida no plano físico, perde também no plano espiritual, ficando por todo o tempo do plano eterno afastado da presença do Senhor. Com base na Palavra de Deus, afirmamos que todos os que já morreram (fisicamente) têm seu destino traçado para a eternidade; os que são de Cristo estarão para sempre com Ele e os que não são amargarão uma separação por toda a existência.

> *"E deu o mar os mortos que nele havia; e a morte e o inferno deram os mortos que neles havia; e foram julgados cada um segundo as suas obras. E a morte e o inferno foram lançados no lago de fogo. Esta é a segunda morte."* (Ap 20:13,14)

1.3. Símbolos da Morte

A figura da morte é realmente algo intrigante e desde a antiguidade permeia o imaginário do homem. Sempre houve uma tendência de personificação dela, que toma forma dentro da mitologia grega e posteriormente da romana. Isso ocorre porque os homens, diante do desconhecido e inexplicável, acabam dando a ela status divino, de onde surgem os vários deuses que formaram, principalmente, o panteão grego. Como a morte era algo insondável, também ganhou forma pessoal. Champlin diz o seguinte:

> *"Assim, a morte é representada como uma figura assustadora,*

que brande uma foice, ou como um caçador que persegue suas vítimas de perto (Sl. 18:5,6; 91:3). Uma antiga figura simbólica judaica era a de um demônio ou espírito maligno, ou, em alguns casos, a de um anjo cuja tarefa era sair colecionando almas humanas. Além disso, a morte é retratada como uma bebida poderosa e venenosa, que as pessoas precisam sorver (Mt 16:28; Hb 2:9). De várias maneiras os cavaleiros do Apocalipse representam a morte e o julgamento (Ap 6:1ss)."[2]

No imaginário coletivo das pessoas, a morte é aquela figura de um ser esquelético envolto em um manto escuro que revela apenas suas mãos e cabeça esqueléticas segurando uma enorme e afiada foice que usa para ceifar a vida das pessoas, o que é realmente algo assustador. Porém, queremos enfatizar que a morte não é um ser vivo, ela é uma conseqüência de um ato de desobediência; sendo assim não podemos dizer que ela é um ser maligno ou uma criatura de Deus formada para esse fim. Os textos bíblicos, que se referem a ela como uma pessoa, devem ser entendidos metaforicamente. Muitas pessoas dizem ter visto a morte, ou em sonho, ou em revelação ou ainda pessoalmente em experiências de morte e ressuscitamento. Contudo, não passa de imaginário e, no caso de sonhos ou revelações, deve ser encarada como símbolo.

1.4. A Morte na Bíblia

O tema morte permeia a Bíblia do início ao fim. Pelo pecado ela entrou (Gênesis) e pelo sangue do Cordeiro ela será totalmente destruída (Apocalipse). No Antigo Testamento, ela é vista como separação entre alma e corpo e o veículo que conduzia os homem ao mundo invisível. Não havia uma compreensão detalhada sobre ela; eles sabiam de sua existência, sabiam também que teriam que enfrentá-la.

No Novo Testamento, o tema é retomado, porém com maior amplitude. Nessa época, já havia muitos conceitos sobre a morte, oriundos da mitologia grega e crenças de vários povos, inclusive dos próprios judeus. Ela, a morte, é retratada como o último inimigo a ser vencido. Embora já tenha sido derrotada por Cristo na cruz do Calvário, ainda tem poder sobre o homem.

---

2 R.N. Champlin. Enciclopédia de Bíblia, Filosofia e Teologia, ed. Hagnos, pg. 365

"Porque convém que reine até que haja posto a todos os inimigos debaixo de seus pés. Ora, o último inimigo que há de ser aniquilado é a morte." (I Co 15:25,26)

FIGURA MITOLÓGICA DA MORTE

Questão para Reflexão

A morte é uma realidade. Há pessoas que dizem não ter medo dela. Na sua opinião, o crente deve ter medo de morrer? Qual deve ser sua postura em relação a ela? Você tem receio de encará-la? Se ela é tão temida, por que muitos cometem suicídio?

CAPÍTULO 2

Tratados Sobre a Ressurreição

Falar sobre a morte traz apreensão e um certo suspense. Mas, quando lançamos sobre ela a luz da Palavra de Deus, a paz invade nossos corações, pois foi vencida pelo Cordeiro de Deus, Jesus. Pela sua vitória, andamos em novidade de vida e temos uma viva e real esperança de que um dia estaremos para sempre livres do seu poder. A base para tal afirmativa é a ressurreição, ou seja, mesmo aqueles que passaram ou passarão pela experiência da perda da vida física serão trazidos de volta à vida no que chamamos de ressurreição dos mortos. Uns ressuscitarão para a vida com Cristo e outros para a vergonha e desprezo eterno. Os salvos aguardam esse momento, que é a sua vitória final.

Por ser um tema tão relevante e necessário para a Igreja, abordaremos, neste capítulo, sua definição, natureza e classificação para que o servo de Jesus repouse com alegria e paz sobre esse fundamento bíblico.

2.1. A Ressurreição

Essa é uma doutrina fundamental da Palavra de Deus, pois a viva esperança dos salvos em Cristo é que não ficarão para sempre habitando o mundo dos mortos. Toda a vida cristã se resume na vitória plena sobre a morte e para que isso se concretize é preciso vencê-la por completo; na ressurreição isso se cumpre. Deus operará o milagre de trazer dos mortos o corpo do salvo e reuni-lo à sua alma e espírito. Se a morte é a separação do corpo físico de sua alma, ressurreição é a união da alma com o corpo.

Na Bíblia, há um texto específico da carta de Paulo aos coríntios que é considerado o capítulo da ressurreição (I Co 15). Nele o apóstolo defende essa importante doutrina diante daqueles que descriam da sua veracidade e colocavam dúvidas na mente dos crentes daquela igreja. Corinto era uma cidade importante da época, tinha aproximadamente seiscentos mil habitantes, era cosmopolita e possuía vários templos para adoração. Outra particularidade era que o povo, por ser de origem grega, tinha grande capacidade intelectual e amava as especulações filosóficas. Nessa igreja, apesar de crerem que a alma ou o espírito continua existindo no pós-morte, quanto ao corpo físico ensinavam que seria destruído e jamais tornaria a ser reunido ao seu espírito. Paulo refuta esse pensamento dizendo: *"Se se prega que Cristo ressuscitou dos mortos, como dizem alguns dentre vós que não há ressurreição de mortos?"* (I Co 15:12).

Se não houvesse ressurreição, a fé do crente seria em vão. Também não poderíamos crer na Palavra de Deus que tem como maior fundamento a ressurreição em Cristo Jesus. A redenção do salvo inclui a vivificação total do homem: corpo e alma. A tendência de muitos é supervalorizar a parte espiritual do ser humano e desprezar a outra parte, a material (o corpo). Inclusive, esse era o pensamento de muitos filósofos da antiguidade, entre eles o principal era Platão, um filósofo que ensinava que o espírito pertencia a uma classe superior, a do mundo sobrenatural e invisível, que o corpo por ser material era imperfeito e um desastre, cria que ele funcionava como uma espécie de prisão da alma e que esta precisava se libertar dele. A doutrina de Cristo contrapunha essa idéia, quando ensinava que tanto o corpo quanto o espírito tinham igual valor para Deus. A comprovação disso está no fato de que, mesmo no paraíso, as almas dos salvos, quando do arrebatamento da Igreja, não entrarão direto na eternidade, mas terão que voltar a essa terra para se unir ao seu corpo reconstituído pelo poder do Espírito Santo e só então subirão ao encontro do Senhor Jesus nos ares. Além do mais, a Bíblia diz que o nosso corpo é templo de Deus (I Co 6:19). Portanto, a redenção que Jesus oferece abrange o homem na sua totalidade: corpo, alma e espírito.

"Porque, se os mortos não ressuscitam, também Cristo não ressuscitou. E, se Cristo não ressuscitou, é vã a vossa fé, e ainda

permaneceis nos vossos pecados. E também os que dormiram em Cristo estão perdidos. Se esperamos em Cristo só nesta vida, somos os mais miseráveis de todos os homens. Mas, agora, Cristo ressuscitou dos mortos e foi feito as primícias dos que dormem. Porque, assim como a morte veio por um homem, também a ressurreição dos mortos veio por um homem. Porque, assim como todos morrem em Adão, assim também todos serão vivificados em Cristo." (I Co 15:16-22)

2.2. Sua Natureza

Um dos pontos intrigantes com respeito a essa doutrina é com que tipo de corpo o salvo voltará à vida. Será um outro corpo? Será irreconhecível? Haverá uma recriação? Na verdade, o corpo da ressurreição será o mesmo e, portanto, reconhecível. Deus não vai criar um novo corpo, diferente; mas, de maneira milagrosa, trará o corpo de volta, não importando a maneira como ocorreu a morte e a sua desintegração. Será um corpo que terá as seguintes características:

• Apesar de ser o mesmo corpo, sofrerá uma transformação em corpo celestial para estar apto para habitar o céu e viver na eternidade com Cristo.

• Um corpo não mais sujeito à deterioração.

• Não estará limitado ao tempo e espaço.

• Será um corpo glorificado, semelhante ao de Jesus (Fl 3:20,21).

• Não estará sujeito a enfermidades.

• Não limitado pelas leis da natureza.

• Estará revestido de imortalidade.

• Será pleno em tudo, podendo perscrutar conhecimentos, hoje insondáveis.

• Terá inteligência avançada.

Cristo nos deu uma amostra de como será essa transformação quando, no monte da transfiguração, apresentou-se a alguns discípulos com corpo glorificado (Mt 17:1-13). Porém, é importante ressaltar que, mesmo tendo um corpo igual ao de Cristo e termos uma vida semelhante à dos anjos, na ressurreição não seremos deuses e muito menos anjos; continuaremos sendo seres humanos, porém, glorificados.

2.3. Sua Classificação

Vimos o que é a ressurreição, sua realidade e de que maneira os salvos ressuscitarão. Agora, trabalharemos alguns pormenores que ajudam a elucidar algumas dúvidas sobre os tempos e modos desse grande evento. As Escrituras ensinam que há 3 tipos de ressurreição: nacional, espiritual e física.

1. Nacional: refere-se, basicamente, à nação de Israel, que foi desmantelada e espalhada entre as nações, quase perdendo por completo sua identidade como povo. Porém, em cumprimento da profecia de Ezequiel (37) e Oséias (6:1-4;2), estamos presenciando em nossos dias a ressurreição dessa pátria. Em 1948, isso se consolidou, quando Israel foi oficialmente aceito como um país. O povo judeu foi novamente congregado em um território retomando sua identidade e valores cultural, religioso e ético.

2. Espiritual: certa vez, um homem chamado Nicodemos, religioso e temente a Deus, foi à procura de Jesus para ouvir dele seus ensinamentos acerca de Deus. Jesus foi enfático ao dizer a esse piedoso homem que era necessário, para entrar no reino de Deus, nascer de novo (Jo 3:1-10). Esse novo nascimento espiritual ocorre quando a pessoa reconhece sua miséria, que é um pecador e necessita de mudança de vida, abandona a vida de pecado e se entrega totalmente a Deus por Cristo Jesus. Portanto, de uma condição de morto espiritualmente, ele passa a viver em espírito para Deus. Ressurreição espiritual é nascer de novo para uma nova vida (II Co 5:17; Ef 2:1-6).

3. Física: quando a pessoa morre, ocorre a separação entre seu corpo e seu espírito; na ressurreição essa união volta a acontecer. Porém, essa ressurreição de que falamos agora é muito mais abrangente; refere-se à vida eterna. Temos alguns casos na Bíblia de pessoas que morreram e tornaram a viver, porém, depois disso, morreram novamente. Isso é o que chamamos de restauração natural da vida e citamos como exemplo Lázaro, a filha de Jairo, Dorcas, o filho da viúva de Naim e outros semelhantes, todos esses certamente tornaram a morrer.

2.4. Divisão

Haverá duas grandes ressurreições. A Primeira intimamente ligada aos salvos até o fim da Grande Tribulação e entrada para o Milênio; a segunda com os perdidos e, de acordo alguns estudiosos, pode ser que aqueles que morreram em Cristo durante o Milênio também estejam lá, porém a Bíblia não menciona nada acerca desses. A primeira ressurreição ocorrerá por partes e a segunda será de uma só vez.

2.4.1. A Primeira Ressurreição: abrange todos os salvos e justos desde Adão, passando pelo dia do Arrebatamento da Igreja até o fim da Grande Tribulação. Haverá, segundo o Novo Testamento, grupos sucessivos, que juntos completam a "Primeira Ressurreição". O texto de I Coríntios (15:22,23) parece indicar uma ordem.

"Porque, assim como todos morreram em Adão, assim também todos serão vivificados em Cristo. Mas cada um por sua ordem: Cristo, as primícias; depois, os que são de Cristo, na sua vinda."

a. Cristo, As Primícias: primícia é uma palavra que tem o sentido de "molho", substantivo coletivo que deixa explícita uma composição, feita por mais de um elemento. Assim, Jesus, a primícia da ressurreição, deveria estar acompanhado. A Bíblia diz que Cristo é a primícia dos que dormem no Senhor. Em Mateus (27:52,53), há menção de alguns santos que, por ocasião da ressurreição de Cristo, saíram dos sepulcros e, inclusive, apareceram a muitos e foram reconhecidos nas ruas, porém não foram mais vistos.

b. Ressurreição Geral: também chamada de colheita geral. Segundo o texto acima citado, é a totalidade dos justos que ressuscitam desde os dias de Adão. Isso se dará na época do arrebatamento da Igreja, em que todos os salvos, até aquele momento, tornarão a viver.

c. As Respigas: no grande dia do Arrebatamento, os santos em Cristo serão levados ao encontro do Senhor nos ares. Porém, cremos que haverá salvação na Grande Tribulação, pois muitos ao entrarem nesse período de grande aflição, lamentar-se-ão por não terem sido fiéis a Cristo no período da graça e agora resolvem ser fiéis a ele, mesmo que para isso percam suas vidas e sejam torturados. Esses no final da Grande Tribulação, quando Cristo vier com sua Igreja, ressuscitarão para completar o número dos salvos e reinarão com Cristo no Milênio. Essas são as respigas, ou rabiscos da colheita, é o mesmo que restolho ou sobra.

2.4.2. A Segunda Ressurreição: esta abrangerá todos os mortos, de todos os tempos, desde Adão até o final de tudo. Dar-se-á depois do Milênio, época em que a terra será renovada com fogo (Ap 20.5,11-15). Acontecerá mil anos após a Primeira Ressurreição. A Primeira é, "dentre os mortos", para a vida eterna; a segunda é "dos mortos", para vergonha e perdição eterna. Por essa ocasião, acontecerá o julgamento do "Trono Branco" ao qual todos os ímpios comparecerão.

A RESSURREIÇÃO

Questão para Reflexão

Por esse estudo, percebemos que mesmo na Grande Tribulação haverá pessoas que conseguirão se manter fiéis a Cristo e alcançar a Salvação. Pensando nisso, qual é o perigo para aqueles que querem ficar para essa "segunda chance"? Qual o impacto da doutrina da ressurreição na vida cristã presente?

CAPÍTULO 3

O Destino dos Salvos e dos Ímpios

A grande dúvida que permeia a mente e o imaginário do ser humano é para onde ele vai após a morte. Várias culturas antigas deixaram legados a respeito de suas crenças sobre a vida pós-túmulo, demonstrando que tinham grande interesse sobre o assunto. Como foi dito no capítulo anterior, todos os homens passam pelo mesmo ritual de morte. Não há diferenciação quando ela chega. A Bíblia também menciona exaustivamente sobre o que acontece após essa experiência de separação entre espírito e corpo. Ela é clara quando aponta o destino das pessoas que passam pela morte, porém faz distinção entre os salvos e os ímpios no que tange ao lugar onde passarão o resto da eternidade.

Por isso, neste capítulo, diante de tão intrigante assunto, apresentaremos um estudo sobre o destino e o lugar de habitação dos salvos e dos ímpios. Num primeiro momento, abordaremos questões sobre a experiência de ambos no pós-morte. Em seguida, apontaremos alguns pensamentos errôneos sobre o tema e depois faremos, detalhadamente, referência ao local onde ambos ficam à espera do desfecho final.

3.1. O destino dos Salvos e dos Ímpios

Como foi dito anteriormente, mesmo o salvo em Cristo Jesus tem que morrer; ele não é diferente, nesse aspecto, do ímpio. Porém, embora ambos estejam sujeitos à morte, a diferença se encontra justamente no momento em que ela os surpreende. De acordo com o ensino de Jesus na parábola do rico e Lázaro (Lc 16:19-31), quando o justo morre é levado pelos anjos ao "seio de Pai Abraão", uma expressão terna para afirmar que vai para o Paraíso. Era comum naquela época, durante as refeições, a pessoa mais chegada do dono da casa sentar-se perto dele e até reclinar a cabeça em seu peito, como foi o caso de João, o discípulo amado, na ceia com Jesus; portanto, era um momento de descanso e paz. Mas, do rico, diz que foi sepultado e foi para o Hades, "inferno", lugar de tormento e dor. Aqui Jesus pode estar se referindo ao momento final da vida dos ímpios, quando estarão para sempre no Lago de Fogo, pois o rico diz que já estava em chamas (tormento) e "Pai Abraão" lhe disse que não havia como passar de um lado para o outro, ou seja, o destino é eterno; não há, após a morte, chances de salvação. Jesus também pode estar se referindo ao estado intermediário dos justos e dos ímpios, em que estão aguardando, ou no Paraíso, lugar de descanso, ou no Hades, lugar de tormento, o desfecho final de seu destino eterno: céu ou inferno.

Importante dizer que, no Paraíso ou no Hades, os espíritos desencarnados não estão dormindo, mas sim conscientes. Os salvos desfrutando de um merecido descanso, aguardando a vinda de Jesus nos ares para arrebatar a Igreja, momento em que eles sairão desse paraíso e ressuscitarão em seus corpos para estarem com o Senhor Jesus para sempre; os ímpios em suplício e dor, porém ainda não será o fim, também ressuscitarão no final dos tempos, para vergonha eterna e estarão para sempre longe de Deus no Lago de Fogo.

> *"E muitos dos que dormem no pó da terra ressuscitarão, uns para a vida eterna, e outros para vergonha e desprezo eterno. Os entendidos, pois, resplandecerão como o resplendor do firmamento; e os que a muitos ensinam a justiça refulgirão como as estrelas, sempre e eternamente."* (Dn 12:2,3)

3.2. Pensamentos Equivocados Sobre o Destino dos Homens

Existem alguns pensamentos equivocados a respeito do destino eterno do homem, alguns na tentativa de minimizar o sofrimento humano, outros não querendo aceitar que um Deus de amor possa, segundo eles, cometer tamanha crueldade e outros querendo resolver as duas questões: nem sofrimento humano e nem crueldade divina. Dentre eles destacamos:

• **Universalismo**: propalam que, no final, Deus não deixará ninguém no inferno, mas levará todos para o céu. A base para tal pensamento, segundo eles, é o amor de Deus; Ele é bondoso demais para excluir alguém do céu. Refutado pelos seguintes textos: Rm 6:23; Lc 16:19-31; Jo 3:36; Ap 20:15; 21:8.

• **Restauracionismo**: essa doutrina preconiza uma espécie de purgatório, ou seja, o inferno não é eterno, é apenas uma experiência temporária que serve para iluminar o pecador permitindo que em algum momento na eternidade possa entrar no céu. Nesse caso, os mais extremistas crêem que até o Diabo terá essa oportunidade. Segundo alguns teólogos, um inferno eterno fere o propósito de Deus, denigre a sua imagem, demonstra fraqueza por não conseguir reverter a situação caótica do ser humano e, por fim, é contrário à sua Palavra que diz que todas as coisas devem convergir para Cristo, o autor e consumador de tudo em todos, sendo que por sua morte derrotou o pecado para que todos fossem reconciliados com Deus. Porém, não vemos nenhuma derrota de Deus na aplicação de sua justiça e muito menos que o sacrifício de Cristo na cruz foi incompleto. Cremos na justa retribuição do Senhor e, além disso, a Bíblia não ensina sobre essa restauração, pelo contrário, é enfática ao afirmar o destino eterno dos ímpios e dos salvos (Jo 5:28,29).

• **Segundo Período Probatório**: afirmam que todas as pessoas terão uma segunda chance de salvação depois da morte. Porém, as Escrituras dizem o contrário, depois da morte, segue-se o juízo (Hb 9:27).

• **Aniquilamento:** é uma doutrina que alivia os pecadores sem arrependimento e que amam o pecado. Ela afirma que Deus aniquilará, destruirá, tirará a existência deles; ou seja, não padecerão nenhum sofrimento, a não ser a expectativa de aniquilação.

• **Espiritismo**: crêem na transmigração da alma, que ela vem mudando de corpo, podendo ser até de um animal, até atingir a perfeição na cadeia evolutiva do espírito se tornando como um deus. Enquanto o espírito não evoluir, continuará nessas sucessíveis reencarnações.

• **Romanismo**: fazem alusão a um lugar intermediário chamado purgatório, onde os espíritos daquelas pessoas que não foram tão boas para ir para o céu e nem tão más para ir para inferno permanecem até purgar seus pecados e poder então entrar no céu. Seus adeptos crêem que podem dar uma ajuda para os mortos que estão nesse lugar, através de Missas, ascendendo velas, fazendo promessas, dando esmolas e fazendo boas obras por intenção daquela alma. Porém, esse é um ensino não corroborado pelas Escrituras; não há estado intermediário visando purgação para entrar no céu. O destino do homem é traçado enquanto em vida.

• **Materialismo científico**: para esses a vida se resume a questões biológicas. Assim sendo, quando vem a cessação da vida, tudo se acaba ali mesmo; não há céu ou inferno, reencarnação, aniquilamento, ou estado intermediário; simplesmente tudo cessa.

3.3. A Habitação dos Salvos e dos Ímpios

Logo após a morte, como vimos anteriormente, tanto o crente quanto o ímpio vão para um determinado lugar; o primeiro goza de descanso e o segundo é atormentado. Falamos também do estado consciente de ambos, ou seja, não estão inativos ou dormindo. Esse lugar intermediário, que a Bíblia menciona em várias partes, recebe alguns nomes que designam o propósito deles. Sendo assim, o lugar dos mortos é dividido em duas partes: uma dos justos e outra dos incrédulos. Para esses, dizem que ao morrerem vão para o inferno, palavra que vem do latim "infernus", significa "abaixo, inferior"; no grego é "Hades"; no hebraico "Sheol" e no inglês é "Hell". Esse mundo subterrâneo ou inferior foi concebido dentro das mitologias gregas e latinas e geralmente associavam esse lugar a prisões em cavernas profundas que recebiam os mortos. As almas que ali ficavam eram semelhantes às que conhecemos hoje pela literatura e pelos filmes como fantasmas, entidades destituídas de mentalidade, sentimentos e que flutuam no ar. A habitação dos mortos é sempre associada à punição, na qual os espíritos desencarnados passam por sofrimentos indescritíveis. Com o passar do tempo, desenvolveram o pensamento de que esse lugar estaria dividido em compartimentos e à medida que iam se aprofundando os horrores aumentavam e as almas eram divididas nesses locais conforme os pecados que cometeram em vida.

Vejamos agora as definições dadas ao local de habitação pós-morte:

1. **Paraíso**: geralmente é designado como habitação das almas dos justos, das pessoas que em vida foram fiéis a Deus. É um lugar de descanso, de leveza espiritual, paz constante e total ausência do mal. As Escrituras sagradas dizem em Gênesis, primeiro livro da Bíblia, que ao criar o homem Deus o colocou em um jardim, chamado Éden, o paraíso. Portanto, a crença é de que os salvos, ao morrerem, são leva-

dos ao paraíso, um lugar de descanso. Champlin diz o seguinte:
"Essa palavra portuguesa vem do antigo termo iraniano "pairidaeza", "jardim", cercado por algum muro ou sebe. A transliteração dessa palavra para o grego tornou-se a base da palavra moderna. No grego temos "parádeisos". Xenofonte usou o termo para indicar os jardins dos reis persas. A Septuaginta traduziu a expressão hebraica "gan" "éden", "jardim do Éden", por essa palavra grega, em Gen. 2:8. Com base nessa circunstância é que a palavra adquiriu as conotações de paz e esplendor, mesmo quando o paraíso celeste não está em vista."[1]

Há outras designações como "terceiro céu" (II Co 12:4); "céu", diz-se que a pessoa boa que morreu foi para o céu (paraíso); "seio de pai Abraão" (expressão judaica), porém ainda não é o estado final dos justos. Na vinda de Cristo para arrebatar a igreja, todos eles sairão desse lugar para ressuscitarem em seus próprios corpos e se unirem com os salvos em vida para irem ao encontro do Senhor Jesus nos ares. Enquanto aguardam esse momento, estão sendo confortados pelo Senhor, vivendo em plena felicidade. Quem está no paraíso? Todos os justos desde Adão até os dias atuais.

2. **Sheol**: é a palavra hebraica para inferno, seu equivalente em grego é hades. É o mundo invisível para onde são levados os mortos. Os hebreus, em sua interpretação, acreditavam que neste lugar havia uma divisão; em uma parte ficavam os justos (israelitas) e na outra parte os ímpios (gentios). Sendo assim, todos os que morriam, salvos ou não, iam para o mesmo lugar, porém para compartimentos diferentes (Lc 16:19-31).

3. **Hades**: passou a ser usada para traduzir o termo hebraico "sheol". É o lugar dos espíritos desencarnados. A grande confusão, às vezes, é por causa das traduções, confunde-se o hades com o Lago de Fogo. Este é o estado final dos ímpios e aquele é um estado intermediário.

"Originalmente, Hades era o nome do deus do submundo que, segundo os gregos, ficava no seio da terra. Hades era o filho de Cronos (Tempo), o deus mais alto. Zeus, outro filho de Cronos finalmente o substituiu através do uso de força. Assim, ele ficou o deus mais poderoso da mitologia grega. Hades continuava rei-

---

1 R.N. Champlin, Enciclopédia de Bíblia, Filosofia e Teologia, ed. Hagnos, pg. 68

nando no submundo compartilhando seu poder com sua esposa, Perséfone. Com o desenvolvimento da mitologia, o termo hades começou a ser usado para significar o próprio submundo, a habitação dos fantasmas de homens desencarnados."[2]

SEPULTURA

1. Tártaro: segundo estudiosos, é um lugar dentro do próprio Hades (inferno), porém mais profundo. Segundo a mitologia grega, era o abismo que ficava debaixo do Hades. Outros desenvolveram a idéia de que era um lugar no centro da terra. Essa palavra não se acha no Novo Testamento, porém a forma verbal "tartaróo" está em II Pedro 2:4. Lá estão os anjos que se rebelaram e foram encarcerados pelo Senhor, aguardando o juízo final. Significa "encarcerado no suplício eterno". Não deve ser confundido com o Lago de Fogo. Em II Pedro (2:4) está escrito: *"Porque, se Deus não perdoou aos anjos que pecaram, mas, havendo-os lançado no inferno, os entregou às cadeias da escuridão, ficando reservados para o Juízo"*. Em Judas (6) está registrado: *"E aos anjos que não guardaram o seu principado, mas deixaram a sua própria habitação, reservou na escuridão e em prisões eternas até ao juízo daquele grande dia"*. Segundo teólogos, esses anjos serão soltos na

---

2 idem, pg. 9

Grande Tribulação para executar juízos de Deus sobre a terra.

2. Geena: no hebraico, "tofete", é uma referência ao "vale de Hinom". Esse vale fica a sudoeste de Jerusalém; nele muitos sacrifícios foram oferecidos ao deus Moloque (II Rs 23:10). Com o passar do tempo, esse local tornou-se uma espécie de lixão dos judeus, onde diariamente eram depositados dejetos, animais mortos e coisas sem valor. Nesse lixão, tudo era queimado, para impedir a proliferação de doenças e acúmulo de vermes, portanto ali o fogo nunca se apagava e o bicho nunca morria. Por essa particularidade, passou a ser associado à punição eterna. A Geena é o verdadeiro inferno eterno, chamado também de Lago de Fogo, um lugar onde passarão a eternidade o Diabo, seus aliados e todos que não foram salvos. Por isso, não se deve confundir esse lugar com o Hades ou Sheol. A Geena não é intermediário, é o destino final de todos os que amam e praticam a iniqüidade. Hoje, está vazio, será inaugurado, no futuro, pelo Anticristo e o Falso Profeta. Sempre é referido como lugar de fogo e enxofre; esse elemento serve para tornar o fogo ainda mais intenso e poderoso. Esse é o inferno preparado para o Diabo e seus aliados. Textos que se referem a esse lugar: Apocalipse (14:10):

> *"Também o tal beberá do vinho da ira de Deus, que se deitou não misturado, no cálice da sua ira, e será atormentado com fogo e enxofre diante dos santos anjos e diante do Cordeiro."* (20:10): *"E o diabo, que os enganava, foi lançado no lago de fogo e enxofre, onde está a besta e o falso profeta; e de dia e de noite serão atormentados para todo o sempre."*

Questão para reflexão

Aprendemos, neste capítulo, sobre a separação dos salvos e dos ímpios após a morte; que o inferno é um lugar real. Você acha que pregar o Evangelho enfatizando o inferno, para que as pessoas aceitem a Cristo, é algo que deveria ser utilizado pelos pregadores e pastores? Comente com os colegas sua opinião.

CAPÍTULO 4

O Julgamento do Crente

Estudamos, nos capítulos anteriores, sobre o Arrebatamento da Igreja e sobre a vitória dos servos de Jesus sobre a Morte consolidada pelo milagre da Ressurreição. Após esses acontecimentos, seguem-se outros que só dizem respeito aos que permanecerão até o fim sem negar a Cristo como Senhor e Salvador de suas vidas. Assim que a Igreja se dirigir ao encontro do Senhor Jesus nos ares, antes de entrar para o descanso eterno, passará por uma espécie de julgamento, ao qual se dá o nome de Tribunal de Cristo. Sobre esse tema pouco se fala, raramente se ouve algum pregador tratar desse assunto ou um pastor que ensine sobre ele. Porém, é importante pensarmos sobre isso para que em vida sejamos mais dedicados à obra do Senhor e para que não haja dúvidas sobre esse dia de julgamento. Sabendo da relevância desse tema para a Igreja, abordaremos, neste capítulo, seu significado, sua abrangência e qual sua implicação para a vida do crente hoje e no porvir.

4.1. O Tribunal de Cristo

Esse julgamento do crente não está ligado ao grande dia do juízo de Deus sobre os homens, chamado de "Trono Branco". Neste, os ímpios de todos os tempos serão julgados e condenados por Cristo, em que sua incredulidade e ações ímpias serão apresentadas para vergonha e condenação deles. Naquele, não haverá condenação, mas sim uma espécie de avaliação do que foi feito com o que foi dado a cada crente individualmente.

A palavra no grego para esse tribunal é "bema", significa "degrau", "pódio", "lugar" ou "trono para se receber prêmios", ou "plataforma elevada de arbitragem e recompensa". Isso posto, devemos entender que o julgamento do crente será para trazer à tona suas atitudes para com a obra de Deus e com os talentos recebidos. O objetivo desse tribunal, embora tenha o significado de "pódio", não é trazer uma classificação para ver quem ficou em primeiro lugar e quem ficou em último, mas simplesmente para que aqueles que se dedicaram na realização da obra do Senhor na terra recebam, da parte de Jesus, a justa recompensa pelos seus atos. Evidentemente as recompensas serão diferentes, e essa diferença influirá na posição do crente na eternidade com Cristo. Nesse tribunal, o juiz é Jesus, os julgados são todos os crentes e o local será nos ares, nas regiões celestiais.

"Porque todos devemos comparecer ante o tribunal de Cristo, para que cada um receba segundo o que tiver feito por meio do corpo, ou bem ou mal." (II Co 5:10)

4.1.1. A Proposta desse Julgamento

A tendência de todo crente é pensar unicamente no grande dia do Arrebatamento; toda dor, sofrimento, angústia e temores desaparecerão. Todos anseiam por esse dia, pensando no descanso que terão por toda a eternidade. Estão seguros em Cristo, estão salvos, isso é o que importa. Porém, a respeito do ajuste de contas com Cristo, ninguém se preocupa. A maioria, senão quase todos, acha desnecessário se preocupar tanto com esse julgamento, já que a salvação está garantida. No entanto, devemos encará-lo com seriedade, pois se realmente não fosse algo sério, o apóstolo Paulo não gastaria tempo falando e ensinando sobre ele e, mais ainda, alertando sobre esse dia. Paulo afirma que, após o Arrebatamento, todos os crentes serão julgados nesse Tribunal. Será um dia de clarificação de nosso ser e conduta diante de Jesus nesta terra, como representante seu; nada ficará oculto. Vejamos os objetivos desse dia de juízo.

• **Julgar as atitudes do crente para com Deus e o próximo**: todos os nossos atos e palavras serão contados (Mt 12:36); será uma prestação de contas meticulosa. O crente não será julgado de maneira geral quanto a sua conduta cristã, todos os pormenores serão postos à prova. Naquele dia, estarão patentes todas as vezes que usamos o nome do Senhor de maneira vã, em tom de brincadeira e leviano, sem confissão a Deus e sem arrependimento. Todas as piadas com o nome de Jesus, do Espírito Santo, de Deus e do próximo, principalmente dos irmãos na fé, serão colocadas para fora. Tudo aquilo que foi feito às escondidas, naquele dia todos saberão; atos vergonhosos que nunca foram confessados. A palavra utilizada em II Coríntios (5:10) "comparecer", no grego é "phaneros", significa "tornar conhecido aberta ou publicamente".

• **A natureza da espiritualidade**: todas as oportunidades que Jesus nos deu para fazermos sua obra ou para sermos instrumentos de bênçãos para os outros serão analisadas, de maneira que será notório se as aproveitamos ou não. Aquele que pode fazer o bem e não o faz está pecando; muito mais nós salvos em Cristo, que temos recebido dele todo apoio para realizações que beneficiem as pessoas e o seu reino. Jesus distribui dons à Igreja, naturais e espirituais; aquele que os recebeu e ao invés de trabalhar com eles para ganhar vidas os enterrou, deixou-os inativos, sofrerá perdas naquele dia. Muitos crentes procuram desesperadamente o batismo com o Espírito Santo, vão a vigílias, consagrações e reuniões de oração e avivamento; porém, quando recebem esse batismo, ficam estagnados, não oram mais, não buscam mais ao Senhor como antes, parece que o único objetivo era ostentar um título de que é batizado com o Espírito Santo. Ter esse batismo e não ter ousadia na obra de Deus é o mesmo que enterrar o talento que Jesus deu; isso será cobrado naquele dia.

• **As obras**: a conduta moral e espiritual do crente será posta à prova; será exposto como tratamos nosso irmão e a Igreja. Todas as nossas obras na casa do Senhor estarão ali. Em I Coríntios (3.13) está escrito: *"a obra de cada um se manifestará; na verdade, o Dia a declarará, porque pelo fogo será descoberta; e o fogo provará qual seja a obra de cada um"*. Será pesado na balança de Jesus o tratamento com os pastores e líderes em geral que Jesus tem colocado para guiar o seu povo e também como esses fizeram o seu trabalho; o uso que fizemos do dinheiro que ganhamos, se o utilizamos para o crescimento do reino de Deus ou se simplesmente nos preocupamos somente em enriquecer e ajuntar tesouros na terra; como utilizamos nosso tempo, se o administramos de maneira correta, tendo tempo para Deus, sua obra, para a família, para os irmãos, para o trabalho e para o lazer; a disponibilidade para a obra do Senhor nas visitas a hospitais, presídios, lugares carentes, a prática da hospitalidade, a visita aos enfermos, o socorro ao necessitado e, entre tantas outras coisas, o amor pela obra de evangelização.

• **As reações do crente:** todo o tempo, o servo de Deus é provado e sofre perseguições do inimigo. Naquele dia, a maneira como o crente lidou com a tentação será explicitada e a sua vitória sobre ela com fé, não em si mesmo, mas em Jesus, terá peso de ouro na balança de Jesus. Em Tiago (1:2,3) está registrado: *"Meus irmãos, tende grande gozo quando cairdes em várias tentações, sabendo que a prova da vossa fé produz a paciência"*.

• **Motivações:** ao nosso ver, esse é o principal critério; será posto a prova o porquê de tudo na vida do crente. Por exemplo, ao querer ser pastor, qual foi seu objetivo? Fazer a obra de Deus, entregar-se pelo rebanho ou apenas como uma profissão, um meio para ganhar dinheiro, status e reconhecimento dos homens? Ao desejar ser um pregador, o motivo foi levar vidas a Cristo, pagando o preço na oração, na consagração e na vida em santificação ou para elevar o ego, ser aplaudido pelas pessoas, ter um bando de pessoas paparicando-o, ouvir elogios sobre sua performance e lucrar com a pregação da Palavra de Deus? Ao ofertar ou dar o dízimo, foi para a obra de Deus ou para barganhar com Jesus, querendo obrigá-lo a fazer prosperar materialmente além de sua realidade de vida? Ao orar e jejuar, o intuito foi crescimento em fé ou se apresentar aos outros como superior na espiritualidade? Resumindo, tudo o que fazemos não deve ser por ganância, inveja ou contenda; tudo deve ser para a glória de Deus, por Cristo Jesus no poder do Espírito Santo.

O julgamento do crente será perscrutador. Ninguém será capaz de enganar o Juiz, nas esferas eternas, como tantos agora enganam os homens quanto à conduta moral e espiritual, quanto ao trabalho e motivações na casa do Senhor. Cremos que, por esse prisma, muitos dos "maiores" nesta terra, que realizaram tarefas majestosas, serão "menores" naquele dia. Uma observação importante é que quando os salvos estiverem diante do tribunal serão apresentados seus atos e motivações negativas que não foram confessadas e nem houve sincero arrependimento.

4.1.2. A Avaliação das Obras

Todas as obras realizadas pelos salvos serão avaliadas e postas à prova. A Bíblia diz que elas serão provadas pelo fogo e, para tanto, serão simbolicamente vistas como matéria-prima natural. Após esse momento, o crente receberá sua recompensa.

> *"E, se alguém sobre este fundamento formar um edifício de ouro, prata, pedras preciosas, madeira, feno, palha, a obra de cada um se manifestará; na verdade. O Dia a declarará, porque pelo fogo será descoberta; e o fogo provará qual seja a obra de cada um. Se a obra que alguém edificou nessa parte permanecer, esse receberá galardão. Se a obra de alguém se queimar, sofrerá detrimento; mas o tal será salvo, todavia como pelo fogo."* (I Co 3:12-15)

Essa avaliação se refere a como utilizamos o que Jesus tem nos dado, para ganhar almas e trabalhar com elas. Nossas motivações, amor, cuidado e dedicação para com a obra de Deus terão peso enorme. Alguns pontos a considerar:

a) Materiais: Paulo menciona elementos da natureza que servirão para provar a obra de cada um. Podemos dividi-los em duas categorias, os valiosos e duráveis e os de menor valor e que podem ser destruídos com facilidade. O primeiro grupo é formado por ouro, prata, pedras preciosas. Esses materiais, ao passarem pelo fogo, são aperfeiçoados e seu valor aumenta, principalmente o ouro. Esses materiais permanecerão, o fogo não será capaz de destruí-los. O segundo grupo é formado por madeira, feno e palha. Esses não subsistem ao passarem pelo fogo. Serão destruídos, virarão cinza e conseqüentemente não sobrará nada. A madeira, embora seja mais resistente, não prevalecerá; o feno e a palha, rapidamente desaparecerão.

b) As Obras: o que o crente fez por meio do corpo será manifestado nesse dia. Através dos materiais, ficará patente a motivação de cada um. Esses elementos são simbólicos, mas o resultado deles é real.

4.1.3. O Galardão

O Tribunal de Cristo tem um propósito, que não é somente de clarificar as intenções de cada crente ao fazer a obra de Deus, também tem o objetivo de preparar os salvos para a entrada na eternidade com Deus, na qual terão tarefas específicas de acordo com sua capacidade. Champlin diz o seguinte:

> *"Assim como a salvação da alma é uma questão individual, assim também será a questão do julgamento perante o "Tribunal de Cristo". A transformação dos remidos segundo a imagem de Cristo é uma questão individual; o progresso na direção das perfeições de Cristo é uma tarefa que cabe ao crente individual, conduzido pelo Espírito Santo de Deus"[1].*

Galardão significa "recompensa", "coroa", "prêmio". No caso dos crentes, refere-se a coisas espirituais, posição e perfeição. Muitos pensam que essa recompensa são pedras colocadas na sua coroa. Mesmo que alguém tenha uma visão ou revelação de que o prêmio são pedras nesse adereço real, deve ser entendida simbolicamente; por certo, não estaremos caminhando no céu com uma grande coroa na cabeça cheia de pedras.

Se o crente receber a recompensa como resultado da prova de fogo, em que o Espírito Santo passará por elas e a que for de material resistente ao fogo permanecerá e a que não for desaparecerá, cremos que haverá diferentes tipos de galardões e conseqüentemente posições diferentes dos salvos no céu. Assim como os anjos são dispostos em hierarquias, o mesmo acontecerá com os justos no céu. Fica claro que não teremos todos a mesma posição e as mesmas tarefas.

Importante dizer que esse prêmio não tem a ver com salvação. Aquele que sofrer perda pela deterioração dos elementos representados será salvo, contudo como alguém que escapa de uma casa em chamas, passando pelo meio do fogo; o tal sairá sem nada, mas não perderá a "coroa" da salvação (I Co 3:15).

Chegamos à conclusão de que como despenseiros dos mistérios de Deus, todos os crentes prestarão contas do que foi dado a cada um; sendo administradores dos bens entregues a eles, serão recompensados conforme tenham utilizado e trabalhado com eles. O galardão, portanto, será a recompensa dada por Jesus a todos aqueles que apresentarem suas obras e elas resistirem ao fogo.

Através desse estudo, entendemos quão precioso é a nossa dedicação ao Evangelho do Senhor Jesus; quão maravilhoso é sofrer pela causa de Cristo e suportar todas as afrontas; quão benéfico é deixar tudo que o mundo oferece para trás, seus prazeres, manjares, paisagens e

---

1 R. N. Champlin – Enciclopédia de Bíblia, Filosofia e Teologia, ed. Hagnos, pg. 656

"glamour". O mais importante é fazer a obra do Senhor, não importando qual a nossa ocupação, se é de projeção ou se é algo que ninguém vê, mas sim agir para agradar a Deus, sabendo que, ainda que os outros não vejam, Ele a tudo vê e recompensará com justiça.

Questões para Reflexão

1) O Tribunal de Cristo, como analisado neste capítulo, refere-se ao julgamento de cada crente, principalmente daqueles que exercem o ministério. Serão julgadas suas motivações na realização da obra do Senhor Jesus. Pensando nisso, qual avaliação você faz daqueles que hoje trabalham na casa do Senhor como ministros seus? Estão servindo com coração humilde e visando unicamente o crescimento do reino? Ou há outras intenções?

2) Sabendo que seremos julgados pelas nossas obras naquele dia, reflita sobre a sua conduta cristã. Cristo está sendo exaltado através de sua vida? Quais contribuições você tem dado para o Reino de Deus? Quantas pessoas você trouxe a Cristo ou pelo menos tentou trazê-las?

CAPÍTULO 5

As Bodas do Cordeiro e sua Noiva

No capítulo anterior, discorremos sobre um momento crucial na jornada final do crente, o Tribunal de Cristo, onde serão julgadas as obras de cada um. Haverá, de certa maneira, perdas e aquele sentimento de que poderia ter feito mais ou ter sido melhor, mais dedicado. Após esse instante de reflexões e revelações sobre a conduta cristã de cada um, a Igreja, reunida, será conduzida pelo Senhor à sala de banquete, onde uma grande recepção os aguarda. Será um momento de alegria, gozo e paz, em que todos os salvos estarão participando de uma grande festa com o Senhor Jesus. Esse período festivo é chamado de Bodas do Cordeiro.

Por ser um tema relevante e confortante para a Igreja, neste capítulo apresentaremos o contexto dessa celebração, quando se dará, quanto tempo durará e também falaremos sobre a personagem principal: a Noiva do Cordeiro.

5.1. As Bodas do Cordeiro

Após o período de julgamento para receber o galardão, pelo qual todo salvo em Cristo passará, imediatamente vem a ocasião de desfrutar da vitória e da presença do Senhor Jesus. Esse momento é descrito na Bíblia como as "Bodas do Cordeiro".

Tanto na era antiga, quanto nos dias atuais, sempre que terminava uma batalha com vitória, os vencedores retornavam para seu convívio e uma grande comemoração os aguardava. Para os salvos, depois de tantas batalhas travadas contra a carne, o mundo e Satanás; após vencer, por Cristo, a morte, e enfrentar o Tribunal de Cristo, uma recepção os aguarda no céu, uma linda festa preparada para os santos em que o anfitrião é o próprio Senhor Jesus.

Em Israel, na celebração de um casamento, era costume a festa das bodas durarem sete dias. Assim, muitos estudiosos crêem que o tempo de celebração das Bodas do Cordeiro será de sete anos, justamente o tempo total de duração do período da Grande Tribulação, ou seja, na terra, aflição e engano de Satanás; no céu paz, descanso e gozo.

Cristo, enquanto na terra, demonstrou expectativa por esse dia. Ele falou, na celebração da ceia, ao participar do vinho, que só o beberia de novo no céu juntamente com os seus (Mt 26:29).

5.2. A Celebração do Casamento

As Bodas do Cordeiro é, portanto, um símbolo de casamento realizado entre Cristo e a Igreja (sua noiva). Vejamos a seguir o que diz o texto acerca desse grande dia e sua interpretação.

"E saiu uma voz do trono, que dizia: Louvai o nosso Deus, vós, todos os seus servos, e vós que o temeis, assim pequenos como grandes. E ouvi como que a voz de uma grande multidão, e como que a voz de muitas águas, e como que a voz de grandes trovões, que dizia: Aleluia: pois já o Senhor Deus Todo-Poderoso reina. Regozijemo-nos, e alegremo-nos, e demos-lhe glória; porque vindas são as bodas do Cordeiro, e já a sua esposa se aprontou. E foi lhe dado que se vestisse de linho, fino, puro e resplandecente; porque o linho fino são as justiças dos santos. E disse-me: Escreve: Bem-aventurados aqueles que são chamados à ceia das bodas do cordeiro. E disse-me: Estas são as verdadeiras palavras de Deus. E eu lancei-me a seus pés para o adorar; mas ele disse-me: Olha não faças tal; sou teu conservo, e de teus irmãos, que têm o testemunho de Jesus; adora a Deus; porque o testemunho de Jesus é o espírito de profecia." (Ap 19:5-10)

Todos os seres nos céus são convidados a participar na adoração. Ninguém é demasiado pequeno, nem demasiado grande para participar; assim, pequenos como grandes são chamados. Muito além de nossa compreensão é o volume dessa adoração, maior do que a do primeiro versículo: como que a voz de uma grande multidão e como que a voz de muitas águas, e como que a voz de grandes trovões. Será a maior aclamação de todos os séculos. Qual é a causa de todos os habitantes do céu ficarem assim comovidos? A Noiva do Cordeiro de Deus que se apresenta.

5.3. A Noiva do Cordeiro

A Igreja é representada como esposa ou noiva do Senhor Jesus por causa do amor íntimo e ligação espiritual. A noiva tem de cumprir quatro condições:

1) Ser desposada (prometida em casamento). O Noivo celestial quer ganhar o amor da alma do pecador. Sem o pecador aceitar ser "desposado", não pode haver o "casamento".

2) A noiva deve ser leal. A noiva verdadeira é sempre leal ao Noivo, apesar de todas as forças que querem desviá-la de Cristo.

3) O crente deve gozar comunhão. Quando há amor entre os dois noivos, as horas parecem apenas minutos. Podemos julgar a nossa devoção a Cristo pelo desejo de estarmos sozinhos em comunhão com ele.

4) A noiva deve submeter-se. "O marido é a cabeça da mulher, como também Cristo é a cabeça da Igreja" (Ef 5:23). Sem tal obediência não pode haver casamento verdadeiro. Ou Cristo é Senhor de tudo, ou Ele não é Senhor de coisa nenhuma.

Será um casamento suntuoso e glorioso! O leitor estará presente? Depois das bodas, o Esposo levará a sua Esposa a uma viagem de núpcias, lua de mel, de volta ao lugar antigo da Esposa, onde Ele mesmo foi aborrecido e rejeitado, onde sofreu, dando Seu sangue para redimir a sua Esposa. Então Ele estabelecerá seu reino no mundo onde reinará sobre as nações da terra, durante um período de mil anos.

A despeito das lutas e tribulações que o crente enfrenta nesta vida, em sua vitória final, se permanecer até o fim, desfrutará de tudo isso que foi descrito até agora. O salvo participará da grande festa do Cordeiro em que se deleitará individualmente e também participará coletivamente, pois ele faz parte de todo o conjunto que forma a Noiva do Cordeiro: a Igreja.

Questão para Reflexão

Enquanto estamos aqui na terra, celebramos costumeiramente a Ceia do Senhor, conforme Ele mesmo ordenou. É um momento de reflexão interior, de alegria e também de comunhão fraternal, quando todos os membros da igreja se reúnem para celebrar e adorar ao Senhor. Naquele Dia, será uma celebração tremenda; não estarão lá membros de uma igreja ou denominação, mas todos os salvos. Imaginemos a alegria e surpresa. Quais são, em sua opinião, os requisitos para participar desse banquete? Quem ficará de fora? Comente com seus colegas sua resposta.

REVELAÇÕES FINAIS E JUÍZOS DE DEUS

A célebre pergunta feita pelos filósofos, psicólogos, cientistas, intelectuais e estudiosos da história humana é: "quem somos?"; "de onde viemos"; "porque viemos" e "para onde vamos?". Alguns desses estudam por anos a fio para tentar achar uma resposta e, mesmo assim, não conseguem ter um resultado satisfatório. Mas aqueles que se debruçam sobre a Palavra de Deus acham nela a resposta. A origem, o propósito e o destino final da humanidade encontram-se em Deus e Ele os revela a nós pelas Escrituras Sagradas. Chegamos, neste estudo da Escatologia, aos momentos finais, em que se dá o desfecho da jornada humana na terra. Neste trabalho, aprendemos sobre o propósito de Deus para suas criaturas e descobrimos o que as aguarda. Para aqueles que viveram crendo e obedecendo à Palavra do Senhor Deus, o que os aguarda é uma eternidade de paz e felicidade; para os que rejeitaram e zombaram de seus mandamentos o que os espera é uma eternidade de dor, sofrimento e desprezo. Nas revelações de Deus, constam seus julgamentos justos e também sua misericórdia para com aqueles que se arrependem.

O livro do Apocalipse faz menção dos instantes finais deste mundo, quando Cristo voltará a esta terra com poder e grande glória acompanhado de seus santos, vencerá o Diabo e destruirá os inimigos de seu povo, implantará um reinado de justiça e paz e, no final de tudo, julgará a todos os mortos que não fizeram sua vontade. Nestes capítulos finais, portanto, apresentaremos, na primeira parte, um estudo sobre a Grande Tribulação, destacando os acontecimentos na terra; na segunda parte, deteremo-nos no tratado específico sobre a pessoa do Anticristo; na terceira parte, inicia-se o estudo sobre a abertura dos selos que trazem o julgamento de Deus; na quarta parte, a atenção se volta para os decretos e o derramar da ira de Deus através das trombetas e das taças; na quinta e última parte, abordaremos temas referente ao período milenar do governo de Cristo, o julgamento final e a Eternidade.

CAPÍTULO 1

Período Tribulacional

O mundo já passou por grandes momentos de aflição, dor e situações desesperadoras, que, na maioria das vezes, aconteceram por causa de guerras, catástrofes naturais, ascensão de tiranos no governo de países e a ganância do ser humano. Com o desejo de dominação mundial, grandes batalhas foram travadas e milhares de vidas perdidas, escravizadas e torturadas; fenômenos da natureza como terremotos, maremotos, furacões e pragas também são responsáveis pelo caos na vida humana; a sede pelo poder e posição elevada entre os homens produziu governantes, líderes e conquistadores cruéis que infligiram muito sofrimento às pessoas.

Porém, de tudo que já se viu ou se tem conhecimento na história humana, segundo as palavras do próprio Jesus, nada se comparará ao que está por vir. Um período na vida dos seres humanos de tanta violência, dor, desespero e horrores tal qual nunca houve nesta terra. Referimo-nos ao grande dia da ira do Senhor Deus, chamado de "Grande Tribulação". Portanto, neste capítulo, abordaremos esse momento tão marcante na vida humana, exclusivamente na daqueles que desprezam ao Senhor Jesus e a Deus. Para tanto, apresentaremos o significado desse dia, um panorama dos acontecimentos na terra e os elementos importantes desse período.

1.1. A Grande Tribulação

A expressão "Grande Tribulação" é encontrada em Ap 2.22 e 7.14, e deve ser entendida em termos escatológicos. Jesus falou acerca desse dia como um tempo tal qual nunca houve na história da humanidade e nem haverá. A quase totalidade do livro do Apocalipse menciona esse período (Ap 6 -19). O Profeta Jeremias menciona como a "angústia de Jacó" (Jr 30:4-9). Daniel recebeu revelações que aludem a esse fatídico dia nos tempos do fim. Partes do Antigo Testamento se referem a esse período como "o dia do Senhor". No Novo Testamento, a expressão utilizada é "o dia de Cristo" ou o "dia de Deus". Está intimamente relacionado ao juízo, julgamento de Deus sobre toda a terra, inclusive sobre Israel.

Segundo Champlin, há duas palavras hebraicas e gregas para tribulação. No hebraico temos "Tsar" e "Tsarah", "aflição", "estreiteza"; no grego "Thlibo", "pressionar", "oprimir", "atribular" e "Thílpsis", "pressão", "opressão", "tribulação". Todas têm a ver com aflição causada por alguém. Nesse contexto, a "Grande Aflição" terá como causador o próprio Deus. Algumas pessoas têm dificuldade em crer que o Senhor será o autor dessa tribulação; acham mais fácil crer que Satanás será o agente. Embora o Diabo, pela sua ação malévola, traga sofrimento para a humanidade, principalmente para os que mantêm a fé em Jesus, a Bíblia é clara quando afirma que o Todo-Poderoso desencadeará sobre o planeta a sua ira sobre aqueles que insistem em ser rebeldes aos seus mandamentos. Enquanto isso, a Igreja arrebatada estará no céu comemorando as Bodas do Cordeiro em paz, descanso e regozijo.

A seguir, veremos alguns pontos importantes a considerar sobre esse tempo:

a. Duração: Esse período terá duração de sete anos. Ao iniciar esse tempo, também terá começo a septuagésima semana de que falou o profeta Daniel. Tempo de grande opressão e angústia, principalmente para o povo judeu, por isso é chamada de "Angústia de Jacó".

b. Divisão: A Grande Tribulação é dividida em dois períodos de mil duzentos e sessenta dias cada, ou seja, três anos e meio.

c. Acontecimentos da Primeira Metade: Começará logo após o arrebatamento da Igreja. O Anticristo se levantará como um libertador de Israel e um "nome" para o governo mundial, pois terá a solução para o caos no planeta. Nações do Norte se levantarão contra o povo judeu, formarão uma confederação que se unirá para destruí-lo, porém, no instante da derrocada final da nação judaica, o Anticristo o livrará e ganhará a confiança dele. Nesse tempo, levantar-se-ão as duas testemunhas em oposição ao Anticristo. Todas as nações se dobrarão diante do iníquo e aceitarão sua liderança. A partir desse momento, o mundo viverá uma falsa paz.

d. Acontecimentos da Segunda Metade: Em primeiro lugar, o líder mundial que trouxe falsa paz à Terra revela sua verdadeira face e principia dias de terror como resultado de um governo opressor e ditador, tal qual nunca houve. Além disso, aquele que fez um pacto com o povo de Deus volta-se contra ele e passa a persegui-lo implacavelmente. Nesse período, ocorre a intensificação da tribulação com a abertura dos selos, o toque das trombetas e o derramamento das taças da ira de Deus. Ao final, Cristo retorna visivelmente e com Ele a Igreja para a batalha do Armagedon que inaugura um novo tempo para o povo judeu e para a humanidade. Nesse tempo, os judeus reconhecerão que Jesus Cristo é o Messias e se converterão a Ele em massa.

e. Quem será atingido: todos os incrédulos e os crentes que não vigiaram, amando mais o mundo do que a Deus. Também o povo judeu receberá tratamento da parte de Deus, para que mais uma vez aprenda que somente confiando e servindo a Deus haverá vitória, e que Jesus Cristo, o rejeitado por Israel, é na verdade o Messias prometido.

1.1.1. Guerra nas Regiões Celestiais e Queda do Poder Satânico

Entendemos, pela Palavra de Deus, que Satanás e seus agentes malignos não estão atualmente habitando o inferno e nem fazem dele seu quartel general, pelo contrário, é um lugar que ele não quer estar, pois lá sofrerá por toda a eternidade. O seu campo de atuação é na terra, mas o seu reino encontra-se nas regiões celestiais, por isso ele é identificado como o príncipe das potestades dos ares. Quando a Igreja for arrebatada, ela encontrará o Senhor Jesus nessas regiões e logo em seguida passará pelo Tribunal de Cristo. Porém, esse julgamento não será presenciado por Satanás; Deus não permitirá que o acusador participe de tal evento que só diz respeito ao Senhor e a sua Noiva. Apocalipse (12:3-9) diz:

> *"Viu-se também outro sinal no céu: eis um grande dragão verme-*
> *lho que tinha sete cabeças e dez chifres, e sobre as suas cabeças sete*
> *diademas; a sua cauda levava após si a terça parte das estrelas*
> *do céu, e lançou-as sobre a terra; e o dragão parou diante da*

mulher que estava para dar à luz, para que, dando ela a luz, lhe devorasse o filho. E deu à luz um filho, um varão que há de reger todas as nações com vara de ferro; e o seu filho foi arrebatado para Deus e para o seu trono. E a mulher fugiu para o deserto, onde já tinha lugar preparado por Deus, para que ali fosse alimentada durante mil duzentos e sessenta dias. Então houve guerra no céu: Miguel e os seus anjos batalhavam contra o dragão. E o dragão e os seus anjos batalhavam, mas não prevaleceram, nem mais o seu lugar se achou no céu. E foi precipitado o grande dragão, a antiga serpente que se chama o Diabo e Satanás, que engana todo o mundo; foi precipitado na terra, e os seus anjos foram precipitados com ele."

Nesses versículos, aparece a figura do dragão, que é o próprio Diabo. Em princípio, a visão se refere ao momento em que ele se rebelou no céu e arrastou com ele uma grande parte dos anjos de Deus; depois persegue o povo de Israel e tenta de todas as formas matar o filho que viria, Jesus, da tribo de Judá, o libertador de Israel e salvador do mundo; como exemplo, temos a tentativa frustrada de Herodes para matar o menino Jesus. Logo após, é dito que esse filho regerá as nações, porém foi levado para o trono de Deus, referindo-se à morte e ressurreição de Cristo. A partir do verso seis, há uma clara alusão a Israel no período da septuagésima semana de Daniel (Grande Tribulação) que perseguida por Satanás é protegida por Deus. Nesse instante, há uma batalha no céu entre o Diabo e Miguel; o inimigo perde e é lançado na terra com os seus anjos. Há alegria no céu, porém na terra haverá desespero e dor, pois o inimigo desceu com grande ira (Ap 12:12).

Esse é o motivo pelo qual esse período é chamado de "A Grande Tribulação", pois Satanás, sabendo que o seu tempo está se acabando, será implacável para com a nação israelita e para com o mundo. Além disso, Deus estará derramando sua ira sobre a terra, o que ocasionará sofrimento sem igual para toda a humanidade.

1.2. Rudimentos da Grande Tribulação

Para uma melhor compreensão dos acontecimentos durante o período tribulacional, é necessário um estudo aprofundado do livro do Apocalipse, pois é ele que traz subsídios importantes para entendermos a Escatologia bíblica. Por isso, abordaremos alguns elementos em separado para evitar interpretações espúrias que trazem grande confusão para muitos. São eles:

a. Os 144.000 (Ap 14:1): existe o que chamamos de numerologia bíblica, isto significa que em algumas partes da Bíblia os números devem ser interpretados dentro do seu contexto, podendo, às vezes, ser literais e em outros casos simbólicos. É o caso desses, que se referem às doze tribos de Israel multiplicadas por mil e depois por doze totalizando os cento e quarenta e quatro mil. Doze é geralmente o número de Deus aplicado ao seu povo, multiplicado significa a grandeza dessa multidão. É evidente que se refere aos judeus e não à igreja e também não devem ser entendidos como números exatos, mas como representação da intensificação e grandeza desse povo. Há uma seita que afirma serem esses aqueles que vão morar no céu, tirados dos seus adeptos, porém essa ideologia é contrária aos ensinamentos da Palavra de Deus (a refutação dessa seita está no livro Seitas e Heresias da coleção do curso a distância do IBAD).

b. As Duas Testemunhas: Em toda a história dos judeus, Deus suscitava, em tempos de crise, um libertador. Por isso, no período da Grande Tribulação não será diferente. Deus enviará dois profetas seus para testemunharem seu poder. Terão, essas duas testemunhas, uma difícil missão, pois profetizarão aos habitantes da terra durante o domínio do Anticristo. A pergunta que não quer calar é: quem são esses dois profetas? Uns dizem ser Moisés e Elias, em que este representa os salvos que não morreram, mas foram transformados na hora do arrebatamento e aquele os salvos que morreram em Cristo e ressuscitarão nesse dia. Outros afirmam serem Enoque e Elias, dois servos de Deus que não provaram a morte e Deus os guardou em vida para esse dia. Ainda há aqueles que defendem ser a Igreja e a Palavra. Isso é pouco provável, pois a Igreja não pode morrer e muito menos a Palavra. Talvez existam outras interpretações, porém preferimos crer que são dois profetas escatológicos, que lembrarão Elias e Moisés. A única certeza que temos é que serão duas pessoas, quanto ao restante, a Bíblia silencia e, se a Palavra de Deus não menciona quem eles são, achamos uma pretensão absurda querer revelar sua identidade. O mais importante desse texto são as suas obras e não quem são. Acerca deles se diz: "profetizarão por 1.260 dias, vestidos de saco, cumprirão sua obra humildemente e trarão uma mensagem de arrependimento"; são as duas oliveiras mencionadas por Zacarias (4) durante o reinado de Dario.

Essas foram Zorobabel e Josué, um líder civil e o outro espiritual, e assim como Deus levantou esses dois no tempo de Dario, também enviará outras duas testemunhas para socorrer e fortalecer seu povo, os judeus, no tempo do reinado do Anticristo, denunciando a farsa desse emissário de Satanás, mostrando para os judeus que ele não é o Messias prometido; depois desse tempo esses dois profetas serão mortos pela besta e o mundo jubilará, porém Deus os ressuscitará à vista de todos e os arrebatará para o céu.

c. O número "666": o texto de Apocalipse (13) menciona uma marca que será colocada nas pessoas, chamada de "símbolo da Besta". Na antiga dispensação, Deus exigia que todos os machos do povo de Israel tivessem uma marca no seu corpo, a marca da circuncisão; na nova dispensação há uma marca, um selo espiritual (Ef 1:13); no Apocalipse há outros exemplos: os 144.000 (7.4-8), os habitantes da Nova Jerusalém terão o nome de Deus nas testas (22:4). O Falso Profeta, querendo imitar a obra do Espírito Santo, colocará nos habitantes da terra a sua marca, porém todo que receber essa marca será atormentado com fogo e enxofre. O número da Besta é seiscentos e sessenta e seis. Os gregos, hebraicos e romanos não tinham algarismos, mas empregavam letras do alfabeto para expressar a contagem. Ao longo dos séculos surgiram tentativas de se apontar possíveis nomes que dessem como resultado esse número como: Maomé, Martinho Lutero, Napoleão, Herr Hitler, Nero. Uma coisa é certa: dentro da numerologia bíblica, enquanto sete é o número da perfeição e, portanto, de Deus, o número seis é identificado como sendo do homem, esse expresso três vezes, se refere à trindade satânica, o Diabo, o Anticristo e o Falso Profeta; sendo, portanto, símbolo do poder humano, imperfeito, regido pelo Diabo, através de homens que agem sob seu poder. São muitas as tentativas de decifrar esse símbolo, algumas até absurdas, como forçar que os números dos códigos de barra dêem no somatório seiscentos e sessenta e seis. Esclarecemos que esse enigma não é para nossa época, mas sim para aqueles que estiverem vivendo no período da Grande Tribulação, a Bíblia diz que esses entenderão. Isso posto, não é necessário gastarmos tanto tempo tentando decifrá-lo, já que a Palavra de Deus não revela. Essa marca será colocada na mão direita ou na testa, o que dará direito a comprar e vender, ou seja, ser aceito nessa sociedade dominada pelo Diabo, através do homem do pecado: o Anticristo.

A Grande Tribulação é uma realidade que num tempo determinado por Deus se iniciará nesta terra, trazendo muito sofrimento para aqueles que vivem à margem do Senhor e negam a sua Palavra. A ira de Deus virá a este mundo por causa da impiedade, porém o Todo-Poderoso, através desse ato, preparará a humanidade para um tempo de paz e harmonia, quando seu Filho, Jesus Cristo, reinará nesta terra, visivelmente e com poder. Atentemos para o fato de que a Igreja não passará por esse momento, estará com Cristo para sempre e retornará com ele no final desse período para reinar ao seu lado. Os que ficarem terão ainda oportunidade de salvação, porém, pelo que vimos até agora, será muito difícil. Se a pessoa não é fiel agora, no tempo da graça, muito menos será no tempo da tribulação. O servo de Deus não deve jogar com essa possibilidade, de ficar para a segunda chance; é um jogo perigoso. Sirvamos ao Senhor agora em espírito e em verdade para que esse dia não nos surpreenda.

A GRANDE TRIBULAÇÃO

Perseguições	Pestes	Anticristo
Falso Profeta	Guerra	Fome
Ira de Deus	Satanás	Terremotos
Ação demoníaca	Trindade Satânica	Catástrofes
Morte		Furacões

Questão para Reflexão

Com base no que foi estudado sobre a Grande Tribulação, que lições você pode tirar para sua vida pessoal com Deus. Há algo que deve ser melhorado? Este estudo causa temor em seu coração? Por quê? Comente com os colegas.

CAPÍTULO 2

O Aparecimento do Homem do Pecado

A Grande Tribulação traz ao cenário mundial uma figura maligna e emblemática, um ser humano, totalmente entregue a Satanás e, portanto, disposto a satisfazer todos os seus desejos e caprichos. Sabemos que o intuito do Diabo no princípio de sua rebeldia era ser semelhante ao Altíssimo; esse desejo é frustrado quando ele é banido do céu. Vindo para a terra, inicia um plano maligno para destruir o homem, criado à imagem e semelhança de Deus, com poder e domínio sobre a criação. O que esse ser maligno não conseguiu no céu, tenta realizar no mundo, através de homens que se entregam ao pecado e, portanto, à sua mercê. Em seu plano de dominação e reinado, o inimigo sempre procura imitar a Deus em tudo, e uma de suas representações mais ousadas está guardada para o período da Grande Tribulação, quando, nesta terra, será formada a Trindade satânica e haverá um homem que satisfará os desejos dele e conduzirá muitos à sua adoração.

Com base nesse pensamento, trabalharemos, neste capítulo, alguns pontos importantes sobre essa fase da humanidade e sobre esse super-homem tão aguardado pelo mundo mergulhado em trevas. Para tanto, abordaremos, num primeiro momento, a formação dessa trindade diabólica e depois a pessoa do iníquo, ou seja, o Anticristo.

2.1. A Trindade Satânica

Satanás é o grande imitador, o maior farsante e o mais célebre mascarado das criaturas que por vontade própria se tornou adversário de Deus e sua obra. Sua maior enganação é tentar se passar por Deus e imitá-lo. Nas últimas horas de sua saga maligna, criará uma trindade para, através dela, ter dominação sobre o sistema mundial. Essa tríade do mal estará atuando diretamente no período da Grande Tribulação, de maneira intensa, conduzindo o destino do mundo. Sua formação é: o Dragão (Anti-Deus), a Besta (Anti-Cristo) e o Falso Profeta (Anti-Espírito).

2.1.1. O Dragão (Ap 12:13): este se refere ao próprio Satanás, ele é a antiga serpente do paraíso que enganou Adão e Eva, é o grande opositor de Deus. Na representação da trindade satânica, ele é identificado em sua farsa como se fosse Deus, dá poder e autoridade ao Anticristo e atua no mundo através dele, como o Senhor atuou no mundo através de Jesus. Ele é chamado de "grande", parece pertencer a uma das ordens mais altas de todas as criaturas; a Bíblia se refere a ele, antes de cair, como "querubim ungido", cheio de sabedoria e perfeito em formosura (Ez 28.12ss); era tão imponente que nem mesmo o arcanjo Miguel, quando contendia com ele a respeito do corpo de Moisés, não ousou pronunciar juízo de maldição contra ele (Jd 8,9). É representado na cor vermelha, cor de fogo, de sangue e do pecado; ele é quem incita todo homicídio e toda guerra sanguinária. Sete cabeças significam pleno de astúcia; dez chifres representam seu grande poder de destruição; sete diademas, poder suficiente para reinar sobre todo o mundo; sua cauda revela seu poder de persuasão capaz de arrastar multidões. Como o seu poder estará no Anticristo conseguirá persuadir as massas conduzindo-as em rebelião contra o Altíssimo. Champlin diz o seguinte:

> *"O homem de Patmos percebeu claramente que o âmago do mal é a vontade maligna. O coração da entrega pessoal à maldade é o mais negro de todos os problemas morais. Esse tipo de mal nunca consiste de um bem mal-entendido. Não se trata de boas intenções confusas. Mas é a franca e completa devoção ao mal, exatamente porque o mal é mau. Tudo isso é simbolizado pelo <grande dragão vermelho>".*[1]

---

1 R. N. Champlin – Enciclopédia de Bíblia, Teologia e Filosofia, Ed. Hagnos, pg. 233

2.1.2. A Besta que Sobe do Mar (Ap 13:1-10): ao se referir à imensidão que é o mar, João em sua visão está retratando de forma simbólica as nações inquietas e angustiadas, que se tornam aliadas do inimigo e prontas para ajudá-lo em sua perversa empreitada. O Dragão chama do mar (dentre os povos da terra) uma besta que tinha sete cabeças e dez chifres. Esse ser não é outro senão o Anticristo, o maior líder político de todos os tempos.

2.1.3. A Besta que Sobe da Terra (Ap 13:12-18): essa besta é uma figura religiosa, o Falso Profeta, uma espécie de arauto do Anticristo, um mestre e líder religioso. Apresenta-se como manso para enganar seus seguidores e imita o Espírito Santo através de grandes milagres. Como o Espírito conduz a adoração a Jesus, ela guiará na adoração ao Anticristo; o Espírito de Deus conduz à redenção, a Besta levará à perdição eterna. Esse líder religioso provavelmente unirá todas as religiões e decretará unicamente uma religião oficial em que o Anticristo será adorado. De acordo com a ideologia sincretista atual, pode ser que o Anticristo seja apresentado como a encarnação de todos os líderes religiosos que já existiram. Ele, o Anticristo, simulará uma morte semelhante a do Filho de Deus, ficando à beira da morte, quando, então, o Falso Profeta invocará poderes satânicos, curando sua ferida mortal à vista de todos os homens; todos se maravilharão desse feito que consolidará o domínio do maligno. Essa besta terá poder para fazer até fogo cair do céu (v.13); incitará os homens a fazerem uma imagem do Anticristo para que seja adorada; os que se oporem serão mortos e todos os que aderirem a ela receberão sua marca na testa ou na mão direita para que possam viver nessa sociedade; a sua marca é um número 666.

2.1.4. O Juízo de Deus Sobre a Trindade Satânica (Ap 19:20): no final de seu reinado, ao se completar o período da Grande Tribulação, com a batalha final desse momento, o Anticristo e o Falso Profeta serão julgados e lançados vivos no Lago de Fogo. Interessante observar que a Bíblia menciona dois homens que foram levados vivos para o céu sem provar a morte: Enoque e Elias. Agora, dois seres são conduzidos em vida, sem provar a morte, direto para o inferno, inaugurando esse local que até então estava vazio. Com a destruição desses dois, cai o domínio do grande dragão, que é Satanás e, conseqüentemente, a tríade diabólica é desfeita, pois o próprio Diabo será amarrado por mil anos.

A "pedra sem mãos" do sonho de Nabucodonozor que bate nos pés da estátua e a esmiúça é Jesus Cristo, que vem para destruir todo governo e implantar seu reino na Terra. Não adiantou o dragão lutar e tentar impor sua autoridade sobre o mundo, pois Cristo virá e o destruirá. A Bíblia fala desse grande dragão, que é o Diabo, como um derrotado; ela apresenta passo a passo sua queda.

1º. – Cai diante da presença de Deus, quando o pecado brota em seu coração;

2º. – Arruína sua reputação diante dos anjos bons de Deus, quando se revela como o adversário;

3º. – Precipitado do céu para os ares, onde faz sua morada e seu reino de trevas;

4º. – Lançado para a terra por Miguel e seus anjos;

5º. – Derrotado por Cristo na Batalha do Armagedon;

6º. – Amarrado em cadeias por mil anos;

7º. – Derrotado na última batalha travada contra Cristo no final do Milênio e lançado no Lago de Fogo de onde jamais sairá.

> *"E a besta foi presa e, com ela, o falso profeta, que, diante dela, fizera os sinais com que enganou os que receberam o sinal da besta e adoraram a sua imagem. Estes dois foram lançados vivos no ardente lago de fogo e de enxofre".* (Ap 19:20)

> *"E vi descer do céu um anjo que tinha a chave do abismo e uma grande cadeia na sua mão. Ele prendeu o dragão, a antiga serpente, que é o diabo e Satanás, e amarrou-o por mil anos".* (Ap 20:1,2)

2.2. O Anticristo e seu Governo

Essa personagem, tão falada nas páginas sagradas, representada por vários nomes ao longo da história humana e temida por muitos, embora revestida de poder e autoridade satânica, será um homem comum, ou seja, nascido de mulher. A sua capacitação demoníaca será extraordinária, pois o próprio Diabo o investirá de sua autoridade, para que possa enganar o mundo (Ap 13:2). Esse ser, investido de poder diabólico, será uma espécie de super-homem da política, da economia, da ciência, e da religião; ele reduzirá a pó todos os sistemas do mundo, o que possibilitará um novo começo, uma nova era para o ciclo histórico da humanidade. O Anticristo, mesmo que tenha como meta única dominar a Terra e satisfazer os desejos vis de

Satanás, acabará sendo um instrumento para levar o sistema mundial que se opõe a Deus à sua derrota total.

Ele é identificado como o "homem do pecado", "o filho da perdição", que se opõe e se levanta contra tudo o que se chama Deus ou se adora. Trabalhará, astutamente e sem descanso, para se assentar como Deus, no templo do Senhor, desejando se igualar a Ele (II Ts 2:3,4). Cremos que não será tão difícil para esse ser, tomado pelo maligno, enganar os homens, pois o que mais fascina e contagia as pessoas são os feitos sobrenaturais. Ele fará descer fogo do céu, operará prodígios e sinais maravilhosos de mentira; assim, todos serão enganados e atraídos a ele. O que a maioria quer ver são sinais, não importa de onde venham. Num mundo em que muitos acreditam e veneram uma simples mancha em uma janela como um acontecimento sobrenatural, que crêem que o reflexo da luz do sol num monitor de televisão é um anjo, levando-os a um frenesi "espiritual", imagine, então, a operação de um grande feito sobrenatural que não deixa margem para dúvidas.

Algumas características desse iníquo:

• **Arrogância**: virá em seu próprio nome e exaltará a si mesmo; não há nele nenhum sentimento de humildade.

• **Maldade**: levantará sobre a terra para destruir os seus moradores, escravizá-los e expô-los à mais vil das humilhações.

• **Mentira**: sua marca registrada é o engano, a falsidade; conseguirá com prodígios de mentira levar multidões à perdição.

• **Carnalidade**: será adorado, venerado e aclamado porque dará aos homens ímpios o que sempre quiseram, vazão aos desejos e paixões carnais; orgias, violência e imoralidade serão seu carro-chefe para seduzir os moradores da terra.

• **Ódio**: como ele receberá de Satanás seu poder e satisfará seus desejos, o ódio dominará seu coração, sendo como que a encarnação do próprio Diabo; seu desejo será somente destruição.

2.2.1. O Aparecimento do Filho da Perdição: alguns, com idéias mais ousadas, afirmam convictamente que esse homem do pecado já está entre nós, apenas aguardando o momento oportuno para se manifestar. Porém, esse é um pensamento precipitado, pois, embora os acontecimentos no âmbito mundial apontem para uma clara preparação para o advento desse iníquo, julgamos pouco provável que ele já tenha nascido porque as nações proeminentes, mesmo com todo seu avanço político, econômico e religioso, ainda estão longe de uma aliança perfeita e harmoniosa que possibilite a ascensão de um dentre eles para dominar todo o planeta, ou seja, há muitas arestas para serem tiradas.

2.2.2. O Espírito do Anticristo: cremos que esse espírito atua desde o nascimento de Jesus, quando Herodes, inspirado por ele, tenta matar o menino Jesus. Depois, frustrado seu desejo inicial, volta-se para a Igreja, tentando destruí-la. João fala em sua primeira epístola (2:18) que o Anticristo viria e que muitos se fizeram anticristos, a partir do momento em que se rebelam contra o Senhor Jesus e sua obra; ele assevera que os tais saíram do meio da Igreja, opuseram-se a Cristo e a sua obra afirmando que Ele não era o Messias. Semelhante a eles, hoje existe uma rejeição aoa verdadeiro cristianismo bíblico e seus valores. São muitas as leis que estão tramitando no Congresso Nacional que tem como objetivo criminalizar ações cristãs genuínas. Essa oposição movida por esse "espírito anitcristão" e a repulsa pelos valores cristãos chegou até no ambito religioso, onde há crentes que amam mais o mundo do que a Deus e que vivem na casa do Senhor enganando. Pessoas que professam a fé em Jesus apenas de lábios, pois o coração está cheio de mentira e desejos pecaminosos. O intento desses é desvirtuar a Igreja e lucrar em cima dela e para conseguir o que querem se apresentam com ar de piedade e devoção, como ovelhas, mas, na verdade, são lobos devoradores; dizem que são de Cristo, que são "evangélicos", mas as suas obras e atitudes negam essa afirmação. Portanto, o espírito do Anticristo já atua na humanidade há muito tempo, porém a personificação dele ainda não aconteceu.

> *"Filhinhos, é já a última hora; e, como ouvistes que vem o anticristo, também agora muitos se tem feito anticristos; por onde conhecemos que é já a última hora."* (I Jo 2:18)

2.2.3. Tipos do Anticristo: Na Bíblia e no mundo secular, aparecem alguns nomes importantes e de projeção que são comparados com o Anticristo pela sua sagacidade, crueldade, liderança férrea e obstinação pelo poder. Nenhum deles foi ou é o iníquo, são apenas sombra do que ele na verdade será. As principais figuras são: Antíoco Epifanes, que odiava os judeus e sacrificou um animal considerado imundo por eles no altar do Senhor; o imperador Nero, pela sua crueldade e insanidade, ateou fogo em Roma e jogou a culpa nos cristãos, principiando uma perseguição sem igual; Napoleão Bonaparte, pela sua arrogância e liderança dura, ele chegou a se coroar imperador; Adolf Hitlher, ditador alemão que foi o causador da morte de milhões de judeus nos campos de concentração, tinha uma liderança forte e grande eloqüência nas palavras; há ainda outros mais, porém queremos apenas destacar um nome emblemático para o Anticristo, considerado o educador do mundo, messias dos judeus, o quinto Buda, o Mahdi dos muçulmanos e o Krishna dos hindus; Maytreia, o iluminado da Nova Era que trará dias de paz e harmonia para o planeta.

2.2.4. Os Seus Aliados: A crença nesse ser superdotado e iluminado que trará paz à terra é defendida por muitos, entre eles temos intelectuais, sábios, ricos e pessoas de influência mundial. Algumas seitas, agremiações, clubes e sociedades secretas ou não, foram fundadas para auxiliar na divulgação e propagação desse ensino, preparando, segundo eles, o mundo para o aparecimento desse super-homem. Em 1968, foi fundado o chamado Clube de Roma, entidade cujos membros são personalidades de gabarito e reconhecimento na política, economia, ciências, arte, religião e educação. O objetivo deles é se inteirar do futuro da humanidade. Chegaram à conclusão de que o mundo necessita urgentemente de governo único e centralizado para resolver todos os seus problemas. Os adeptos mais importantes são aqueles ligados ao Movimento Nova Era (ver o livro Seitas e Heresias do IBAD), dentre eles há muitos que acreditam em discos voadores, seres interplanetários que virão à terra para ajudar no seu processo de evolução. Aliados a esses há movimentos de unificação planetária como: Globalização, cujo intuito é transformar a terra em uma aldeia global através da união de povos, línguas, culturas e religião; Ecumenismo, que afirma ser relativo o conceito de Deus, adoração e caminho de salvação e que preconiza que todos os caminhos levam a Ele e que, portanto, as várias religiões que existem, não importando quais sejam, são apenas parte de um todo que conduz ao Eterno.

2.2.5. Seu Governo: ele irá governar o mundo e liderá-lo em rebelião contra Jesus e a fé cristã, além de se levantar contra os israelitas. Terá domínio total e, para tanto, valer-se-á da tecnologia que hoje possibilita a informação em tempo real e o controle das pessoas; da unificação do mundo globalizado através de uma só língua (talvez o inglês, que hoje é a mais difundida), uma só economia (moeda forte, como hoje é o dólar ou o euro); do Ecumenismo, que através do sincretismo religioso unirá todas as religiões e seitas conduzindo-as a seguir um só líder espiritual; e da Cultura globalizada, em que não haverá mais diferenças, o que torna o domínio mais fácil. Seu governo, que a princípio parecerá bom e restaurador, revelar-se-á ditatorial e avassalador sobre a humanidade. Ele terá o controle de tudo e não haverá ninguém que possa resistir a ele, até o tempo determinado por Deus para que ele reine. Ele atuará e andará no poder de Satanás e muitos prodígios serão realizados, a sua marca registrada será a mentira, pois o seu senhor é o pai da mentira.

Conclusão: A Palavra de Deus diz que por aumentar a iniqüidade o amor de muitos esfriará. Estamos vivendo momentos em que essa verdade está bem patente; falta temor a Deus na vida de muitos que se dizem servos de Jesus; falta humildade em líderes que se dizem trabalhar a favor do Reino de Deus; sobra arrogância, vaidade, engano, mentira e orgulho no contexto de vida de muitos crentes. Ao olharmos para o mundo, não enxergamos esperança; a violência aumenta a cada dia, inclusive para com crianças inocentes; a imoralidade; o pecado já não é mais pecado; há o desprezo pelos preceitos do Senhor; a incredulidade aumenta assustadoramente. Claramente, o espírito do Anticristo está operando; resta-nos manter uma vida de constante vigilância em temor a Deus e confiança na sua Palavra, pois tudo o que está acontecendo nos remete a uma verdade, que Cristo está voltando para buscar seu povo, para que este não fique à mercê do domínio do homem do pecado, o Anticristo. Mas, para aqueles que insistem em negar a Cristo com suas atitudes e viver na luxúria do pecado, apenas aparentando ser servo dEle, o que os aguarda é o senhorio do maligno sobre suas vidas. Portanto, a hora é de vigilância e de discernimento; as lâmpadas devem estar acesas e os depósitos cheios de azeite, porque o Noivo vem aí (em breve virá)!

TRINDADE SATANICA

O Dragão: Satanás   Anticristo   Falso Profeta

Questão para reflexão

Neste capítulo, falamos sobre o Anticristo, seu governo e sua atuação. Vimos que ele ainda não se levantou sobre a terra, porém o espírito dele já opera há tempos. Responda: você consegue identificar a ação desse espírito? Cite algumas áreas de sua atuação no mundo e no círculo cristão.

O que deve ser feito para que o crente não seja presa do maligno? Comente com os colegas suas respostas.

CAPÍTULO 3

A Honra Gloriosa do Cordeiro de Deus: Abertura dos Selos

As pessoas comumente dizem que Deus é tão bom que jamais castigaria qualquer ser humano de maneira cruel; dizem que isso não está de acordo com o ser e o caráter do Senhor. Porém, as Escrituras mostram que as tais estão equivocadas quanto ao seu conceito de Deus, seu amor e sua justiça. O Senhor é bom, é amor, é bondade, isso é verdade. Porém, não podemos esquecer que na mesma medida em que Ele é tudo isso, também o é a sua justiça e Ele jamais deixa o pecador impune. A Bíblia, a respeito disso, afirma que Deus criou o inferno e o preparou para lançar lá todos os que desobedecem a seus mandamentos e vontade. Portanto, ninguém escapará de seus juízos; todos terão que prestar contas e serão julgados e condenados por Ele, se não se arrependerem.

Nos capítulos anteriores, abordamos sobre a Grande Tribulação de uma maneira geral e destacamos a figura do Anticristo. Nesse período, vemos a bondade e misericórdia do Senhor para com os seus, quando, antes de iniciar o domínio satânico na terra, os salvos serão arrebatados e estarão, nos anos de intensa tribulação na terra, gozando da presença do Senhor Jesus em paz, alegria e júbilo. Porém, percebemos sua ira quando nesse período, na terra, haverá dor e sofrimento pelo derramar dos seus juízos sobre os homens. Por isso, neste capítulo e no próximo, falaremos sobre revelações e juízos do Senhor sobre a terra. Nesse capítulo abordaremos os selos.

3.1. A Ira do Cordeiro: Abertura dos Selos

O apóstolo João, em suas visões, é arrebatado até o céu e passa a receber revelações fantásticas de acontecimentos que ocorrem no cenário celestial e que têm repercussão na terra. Ele vê, na mão de Deus, um livro selado com sete selos; esse é de grande importância porque traz revelações sobre o futuro da humanidade. O vidente, João, percebe a magnitude desse livro, não havendo ninguém que pudesse tomá-lo da mão do Altíssimo, abri-lo e lê-lo. Nesse momento, ele começa a chorar muito, numa atitude de desespero, frustração e angústia. Porém, foi dito a ele que não lamentasse tanto, pois havia um que poderia tomar o rolo da mão do Senhor Deus; este, o anjo diz, é o Leão da tribo de Judá, a raiz de Davi. Ele é digno de abrir os selos. Quando o apóstolo olha, vê a Jesus como um Cordeiro, que toma o livro daquele que estava assentado no trono e começa a quebrar os selos. À medida que são rompidos, o seu conteúdo é revelado.

Esse rolo ou livro guarda profecias escatológicas dos juízos de Deus sobre a terra. O período desse juízo vai do arrebatamento da Igreja até o início do Milênio. Porém, a maioria dos estudiosos crê que o desencadear da ira de Deus com a abertura dos selos se dá precisamente na segunda metade da Grande Tribulação. Os seis primeiros são em ordem sucessiva e o sétimo anuncia as trombetas.

3.1.1. O Primeiro Selo: Cavalo Branco

Na Roma antiga, e em outras nações poderosas, quando os generais conquistavam a vitória, era costume se aprontarem com vestes militares de gala e chegarem à cidade montados em um cavalo branco. Esse ato era significativo para que o povo ovacionasse seu rei e seus deuses pela conquista. Nessa visão, João contempla um cavalo branco e um cavaleiro, com um arco e uma coroa, que saiu vitorioso e para conquistar, simbolizando o triunfo. Muitos acreditam que esse cavaleiro é o Senhor Jesus e que o cavalo branco representa a realeza Divina, principalmente porque é dito que ele saiu para vencer. Não podemos nos deixar enganar por cores, títulos ou situações de prosperidade. A Bíblia diz que uma das táticas de Satanás é se transfigurar em anjo de luz (II Co 11:14). Portanto, esse cavaleiro não é Jesus e sim o Anticristo, que trará uma falsa paz e, depois do arrebatamento da Igreja, triunfará na terra. É dada a ele uma coroa, significando que reinará, e um arco, que indica que seu reinado terá começo e fim rápidos, pois, embora saia imponente como um conquistador, faltam-lhe as flechas, não tem arma de ataque.

"E olhei, e eis um cavalo branco; e o que estava assentado sobre ele tinha um arco; e foi-lhe dada uma coroa, e saiu vitorioso e para vencer." (Ap 6:2)

3.1.2. O Segundo Selo: Cavalo Vermelho

Esse cavalo traz em seus lombos um cavaleiro com uma grande espada, refere-se à guerra. Geralmente, vermelho é símbolo de vingança, sangue e guerra. Quando o segundo selo é aberto, a paz é tirada e parece acontecer uma espécie de guerra civil, pois os homens se atacam mutuamente e há muita morte e carnificina. Haverá violência sem igual, tal qual nunca houve. Nos dias de hoje, apesar da onda crescente de pecado e violência, ainda há uma certa tranqüilidade. Porém, quando o Senhor abrir o segundo selo, haverá universal desconfiança, conspiração e carnificina. Ele tem uma grande espada na mão. No grego, essa arma não se refere a um instrumento bélico (guerra), mas sim de sacrifício (espada para sacrifício); significa que os que não aceitarem o pacto com o iníquo serão mortos.

"E saiu outro cavalo, vermelho; e ao que estava assentado sobre ele foi dado que tirasse a paz da terra e que se matassem uns aos outros; e foi-lhe dada uma grande espada." (Ap 6:4)

3.1.3. Terceiro Selo: Cavalo Preto

O cavalo preto traz um cavaleiro com uma balança na mão, representando racionamento. Após uma guerra sangrenta e violenta trazida pelo cavaleiro anterior, a humanidade passará por momentos de carestia. A história nos mostra que os resultados das guerras são terríveis: corpos mutilados, sangue espalhado na terra, dor, gemido, vidas destruídas e conseqüentemente escassez de alimentos. Não será diferente nesse período, tudo será racionado. A fome será intensa e só serão atendidos aqueles que tiverem a marca da besta. A Balança significa que tudo será medido, pesado e avaliado. Geog Ladd em seu comentário sobre o livro do Apocalipse diz:

"O denário era uma moeda de prata que correspondia ao salário médio de um dia de um assalariado. Trigo era o alimento princi-

pal no mundo antigo, e cevada era o alimento dos pobres, porque era mais barato. Uma medida de trigo era o consumo diário médio de um homem. Isto demonstra a situação de escassez, porque um homem gastava tudo que podia ganhar – um denário – por dia para comprar alimento barato para uma família pequena. Em tempos normais um denário poderia comprar doze a quinze vezes mais alimento."[1]

Azeite e vinho serão artigos de luxo, por isso não danificá-los pode significar que os ricos continuarão gozando de luxo apesar da horrenda carestia. Nesse caso, os poderosos se fartarão e os pobres padecerão. Nesse período, de maneira mais intensa, continuará a desigualdade social, a discriminação e a opressão aos mais fracos. Isso pode ser tanto uma imposição do Anticristo quanto uma providência de Deus para que tudo não seja destruído; em qualquer um dos casos é a vontade de Deus que prevalece.

"E, havendo aberto o terceiro selo, ouvi o terceiro animal, dizendo: Vem e vê! E olhei, e eis um cavalo preto; e o que sobre ele estava assentado tinha uma balança na mão. E ouvi uma voz no meio dos quatro animais, que dizia: Uma medida de trigo por um dinheiro; e três medidas de cevada por um dinheiro; e não danifiques o azeite e o vinho." (Ap 6:5,6)

3.1.4. Quarto Selo: Cavalo Amarelo

O vidente vislumbra agora um cavalo amarelo e sobre ele um cavaleiro que tinha o nome de Morte e o inferno o acompanhava; sem sombra de dúvidas simboliza a morte. O amarelo é uma cor pálida, diz-se da pessoa que está doente que ela está amarelada. O que percebemos aqui é que depois da escassez de alimentos vem a doença. As pessoas estão fracas, há muita podridão que ocasionará epidemias, pestes e doenças terríveis. Muitos morrerão de fome, outros por doenças e alguns por animais ferozes. Haverá grande mortandade, a Morte cavalga matando e destruindo e atrás dela vem o inferno recolhendo tudo. Porém, seu poder de destruição é limitado, só poderá atingir a quarta parte da terra. As quatro formas de castigo acontecem em ordem: a fome como resulta-

---

1 Geoge Ladd – Apocalipse: Introdução e Comentário, Ed. Vida Nova, Série Cultura Bíblica, pg. 76

do da espada; a peste que vem da fome; a destruição das vidas pela peste e, com a redução da população, a multiplicação das feras.

Finda-se, com a abertura desse selo, a atuação dos quatro cavaleiros do Apocalipse. Serão dias de horror para aqueles que estiverem na terra. Porém, os salvos estarão em regozijo na presença do Senhor.

> *"E olhei, e eis um cavalo amarelo; e o que estava assentado sobre ele tinha por nome Morte; e o inferno o seguia; e foi-lhes dado poder para matar a quarta parte da terra com espada, e com fome, e com peste, e com as feras da terra."* (Ap 6:8)

OS QUATRO CAVALEIROS DO APOCALIPSE

3.1.5. Quinto Selo: Os Mártires Debaixo do Altar

Ao ser aberto esse selo, nenhum cavalo ou qualquer outro animal saiu. João vê almas debaixo do altar de Deus, de pessoas que foram mortas por causa de seu testemunho e que clamavam por vingança. Para aqueles que afirmam estarem as almas dormindo, ou totalmente inconscientes, esses versículos derrubam por terra tal argumento. Essas vidas que clamam são aquelas que, durante a perseguição do

171

Anticristo na Grande Tribulação, não negaram ao Senhor, mas se mantiveram firmes em suas convicções, confessando a Cristo como Senhor e Salvador. Elas não aceitaram a marca da Besta e pagaram com suas próprias vidas. Parece haver um contraste entre a súplica delas e a oração de Cristo e Estevão na qual pedem para que seus agressores sejam perdoados. A verdade é que realmente os perseguidores que infligiram sofrimentos sobre Jesus, Estevão e outros mártires, não sabiam de fato o que estavam fazendo, ou seja, não compreendiam que Cristo era o Filho de Deus Salvador e que os seus seguidores eram homens justos; embora isso não os eximisse do pecado. Porém, no caso dos inimigos da Grande Tribulação, tinham conhecimento do que estavam fazendo, pois blasfemavam de Deus e afrontavam ao Todo-Poderoso, por isso é justo que recebam o castigo divino. Essas almas clamam por vingança, não tanto por elas, mas para que a justiça de Deus seja feita e Ele seja honrado. Esses mártires, sem dúvida, haviam orado por seus perseguidores, sem os resistir. Mas sabiam que a ira de Deus, por fim, tinha de cair sobre eles; que Ele tinha de vindicar sua justiça, castigando aqueles que não se arrependeram. Parece que há uma demora para essa vingança, mas é dito a eles que devem esperar um pouco mais, pois há outros que se juntarão a eles.

> *"E, havendo aberto o quinto selo, vi debaixo do altar as almas dos que foram mortos por amor da palavra de Deus e por amor do testemunho que deram."* (Ap 6:9)

3.1.6. Sexto Selo: Sinais no Céu e na Terra

Quando esse selo é aberto, o apóstolo vê com expectação o universo ser abalado pelo caos, através de uma série de fenômenos naturais. Ocorrerá um grande terremoto que fará tremer a terra: o sol enegrecerá; a lua se tornará em sangue; as estrelas cairão do céu; os céus se enrolarão como um pergaminho e os montes e ilhas serão removidos. Imaginemos o horror que será esse dia. Em linguagem profética e apocalíptica, é uma indicação do fim do mundo. Com certeza, esses acontecimentos chamarão a atenção de todos os moradores da terra que, em momento de terror e desespero, pedirão a própria morte e entenderão que isso vem da parte de Deus e que chegou o grande dia do derramar de sua ira. Aqueles que ousavam desafiar o Senhor, zombar dEle e perseguir seus servos, tremerão e tentarão se esconder do Todo-Poderoso e de seu Cristo. O caos é total, pois se um Tsuname abala a estrutura dos homens, o que se dirá de um tremor de terra que mude as montanhas e ilhas de lugar. Essas ocorrências catastróficas só corroboram o que está escrito na Palavra de Deus sobre o grande dia de sua ira. Vejamos o que dizem as profecias:

• **Ageu:** *"Ainda uma vez dentro em pouco, farei abalar o céu, a terra, o mar e a terra seca"* (2:6).

• **Isaías:** *"Porque as estrelas dos céus e os astros não deixarão brilhar a sua luz; o sol se escurecerá ao nascer, e a lua não fará resplandecer a sua luz"* (13:10); *"E todo o exército dos céus se gastará, e os céus se enrolarão como um livro, e todo o seu exército cairá como cai a folha da vide e como cai o figo da figueira"* (34:4).

• **Jeremias:** *"Observei os montes, e eis que estavam tremendo; e todos os outeiros estremeciam... Vi também que a terra fértil era um deserto e que todas as suas cidades estavam derribadas diante do Senhor, diante do furor da sua ira"* (4:24,26).

• **Jesus:** *"E, logo depois da aflição daqueles dias, o sol escurecerá, e a lua não dará a sua luz, e as estrelas cairão do céu, e as potências dos céus serão abaladas"* (Mt 24:29).

Nessa visão, é patente o domínio de Deus sobre todas as coisas, inclusive da natureza. Tudo está sob seu comando e quando Ele quer o Universo inteiro se transtorna. Nesse dia, haverá terrível desordem e pânico mundial. Esses sinais na natureza não devem ser entendidos de forma figurada e sim literal. Existem muitas pessoas, e até mesmo cristãos, que gostam, ou se sentem à vontade, de brincar com o Senhor e ri-dicularizar seu ser, porém percebemos, por esse relato, que Ele não deve ser levado na brincadeira. É Deus tremendo, justo e não toma o culpado por inocente; a cobrança vem e quando chega é de todo terrível e ninguém pode suportá-la. Mas, aqueles que confiam nEle, não se abalam, mas têm confiança de que em suas mãos estarão seguros.

3.1.7. Sétimo Selo: Silêncio no Céu

Na abertura do primeiro ao sexto selo, houve muito barulho, sons, clamores e agitação, porém, ao ser aberto o sétimo, faz-se silêncio no céu por quase meia hora, também aparecem sete anjos que estão diante do altar que recebem trombetas. Esse silêncio está relacionado às orações dos santos. Todos no céu pararão e prestarão atenção a uma cena que se desenrola: um anjo com um incensário de ouro na mão com muito incenso que se misturou com as orações do santos e a fumaça subiu até Deus como cheiro suave. É gratificante para os servos do Senhor saber que suas orações estão entesouradas para um dia específico e que elas fazem o céu inteiro se calar e prestar atenção. Com certeza, estão ali as súplicas sinceras e cheias de unção. Em seguida, o recipiente de ouro é cheio de fogo do altar e derramado sobre a terra, significando que a justiça de Deus será feita. Com certeza, ali estão as súplicas dos mártires da Grande Tribulação junto com as orações de todos os santos. Nota-se então que o silêncio é rompido por vozes, trovões, relâmpagos e terremotos. Isso nos mostra o valor que têm as orações dos justos. Os anjos se preparam para tocar seus instrumentos.

"E, havendo aberto o sétimo selo, fez-se silêncio no céu quase por meia hora". (Ap 8:1)

Questão para Reflexão

Neste capítulo, vimos a importância da oração dos santos. Pensando nisso, como você analisa a oração na Igreja nos dias atuais? Qual é o tipo de oração que está sendo feita pela maioria das pessoas? Qual é a oração que sobe para Deus e está entesourada no céu?

CAPÍTULO 4

Trombetas e Taças: Decretos e Ira de Deus

Este capítulo é uma continuação do anterior. Os selos do livro que estava na mão de Deus são quebrados e é revelado o que está escrito nele. Agora, trombetas e taças apresentam a todos o furor da ira de Deus. Ninguém escapará, nem mesmo a natureza. As trombetas surgem e nelas estão os decretos de Deus, lembrando que o período é o mesmo dos selos, tudo se passa na Grande Tribulação. A trombeta é um instrumento de convocação ou de proclamação de decretos reais. O Senhor emprega a figura dela para decretar seus juízos sobre a terra. As trombetas servem também para alertar, vêm sempre antes de um pronunciamento. E estas anunciam algo da parte do Altíssimo. As taças são semelhantes aos juízos das trombetas, porém são intensas e marcam o final da Grande Tribulação quando Cristo virá com sua Igreja para implantar seu reino.

Neste capítulo, abordaremos, em primeiro plano, os decretos de Deus através do toque das trombetas e, em segundo plano, a ira de Deus que vem pelo derramar das taças.

4.1. O Toque das Trombetas

Sete anjos tomam sete instrumentos e, de acordo com a ordem divina, começam a tocá-las e ao seu toque o decreto do Senhor é anunciado.

4.1.1. Primeira Trombeta (Ap 8:7)

Um juízo é enviado por Deus sobre toda a terra; a natureza está em foco e sofre graves conseqüências. Saraiva e fogo misturado com sangue é lançado. Uma terça parte da terra é queimada. Portanto, a catástrofe atinge o mundo físico. Saraiva são partículas de gelo que caem em forma de pedras e algumas podem ser grandes e são sempre acompanhadas de fortes vendavais que causam grande destruição. O fogo pode ser oriundo de erupções vulcânicas cujas lavas são vermelhas como sangue; expressam a ira e o furor de Deus. Será um espetáculo de destruição sobre o mundo ecológico.

4.1.2. Segunda Trombeta (Ap 8:8)

É mencionado um grande monte ardendo em fogo. O que seria é difícil precisar. Pode ser um asteróide ou um meteoro que cai no mar, vulcões em atividade que lançam pedras de fogo e lava à longa distância ou uma bomba fabricada pelo homem. É interessante o que Stanley Horton diz sobre isso:

"Depois de o fogo haver atingido a terra, o segundo anjo toca a sua trombeta, e alguma coisa como "um grande monte ardendo em fogo" aparece. À semelhança da aparição do sangue, da saraiva e do fogo, esta massa ardente materializa-se nos céus para ser lançada ao mar. Isto, especulam alguns, pode ser um asteróide ou uma massa rochosa constituída de combustível gasoso vindo do espaço, que se decomporá ao atingir a atmosfera da terra...Seu poderoso impacto sacode a terra; todos os sentirão".[1]

O certo é que por causa dessa catástrofe muitos morrerão, navios afundarão, pois, certamente, abalo dessa natureza provocará tempestades terríveis e incontroláveis. A terça parte dos peixes e criatura marinha perecerá. O mar transformar-se em sangue pode ser por causa do impacto desse material flamejante que cai nele. É o terrível juízo de Deus sobre o mar!

4.1.3. Terceira Trombeta (AP 8:10)

Primeiramente juízo sobre a terra, depois sobre o mar e agora sobre

---

1 Stanley M. Horton – A Vitória Final: Uma Investigação exegética do Apocalipse, CPAD, pg. 122

as fontes de subsistência do homem. Fala-se de uma grande estrela, ardendo em fogo, cujo nome é Absinto; pode ser um meteoro ou qualquer outro material flamejante. Das ervas conhecidas, essa é uma das mais amargas. Nos rios e fontes de água potável, causará danos terríveis para o homem, pois não haverá água boa para beber e muitos morrerão. Portanto, está aqui uma representação do julgamento de Deus sobre aqueles que não O obedecem, como está registrado nas Escrituras Sagradas: *"Eis que alimentarei este povo com absinto e lhe darei a beber água venenosa"* (Jr 9:15)

4.1.4. Quarta Trombeta (Ap 8:12,13)

Nesse juízo, Deus se volta para o firmamento e afeta os corpos celestes: o sol, a lua e as estrelas. A terça parte deles é ferida e conseqüentemente mudam a rotina do dia e da noite, que escurecem na mesma proporção.Como se não bastasse, um anjo voa pelo céu anunciando três ais, ou seja, as coisas ficariam ainda piores do que já estavam, pois ele adverte que os três julgamentos que estão para vir são mais intensos e devastadores.

Nota-se que até aqui foram atingidos a terra, o mar, os rios, o sol, lua e estrelas; a natureza sofre e é atingida por causa do pecado do homem. Por isso, no livro de Romanos está escrito que a natureza geme e anseia pela manifestação dos filhos de Deus, pois assim haverá paz na terra e harmonia que, com certeza, terão repercussão sobre ela (Rm 8:20-23). Os próximos julgamentos, segundo o anjo, serão terríveis e alcançarão agora os homens de maneira intensa e direta.

4.1.5. Quinta Trombeta (Ap 9:1,3,6)

A partir dessa trombeta, o alvo principal deixa de ser a natureza e passa a ser os moradores da terra, que são atormentados por demônios. Diz aqui que uma estrela caiu do céu; anjos de Deus não caem do céu, são enviados por Ele para cumprir missões específicas, porém os inimigos estão sempre caindo. Essa estrela que cai, de acordo com o contexto, é um ser espiritual maligno, pois se diz que foi lhe dada uma chave que abria um poço. Alguns pensam ser esse ser o próprio Satanás, mas a Bíblia não confirma isso. Outros concordam que se trata de um anjo de Deus que é enviado. Sobre o termo "cair", pode se referir a uma descida rápida. O certo é que essa chave é entregue a um ser maligno para que abra o portal entre o mundo e o lugar dos demônios que estão presos.

Esses seres malignos são comparados a gafanhotos, insetos que no meio natural são destruidores implacáveis que não deixam nada para trás e a sua marcha ninguém consegue parar, o seu número é incontável. O nome do rei deles é em hebraico "Abadom" e no grego "Apolion", que significam "destruidor". Eles sobem do abismo junto com o fumo que de tão intenso escurece o sol. Aqui se tem uma linguagem figurada: o sol pode representar o governo supremo que será obscurecido; o poço do abismo é um lugar abaixo do inferno, pode ser que esses seres estivessem aprisionados no "Tártaro" conforme nos afirma o livro de Judas. O alvo deles são os homens que serão atormentados por cinco meses. Não terão autorização para matar, apenas para oprimir. Os homens tentarão se suicidar, mas a morte fugirá deles, ainda que tentem não conseguirão tirar a própria vida, suas tentativas serão frustradas; terão de sofrer tudo. Somente os que tiverem a marca de Deus nas suas testas serão poupados. No esquema abaixo, veremos o aspecto e interpretação desses seres.

- **Cavalos de guerra** Representa a ferocidade desses seres malignos, prontos para ferir e atormentar.
- **Coroas de ouro nas cabeças** Significa que tinham poder para cumprir a missão designada a eles.
- **Rosto como de homens** Sugere que esses espíritos só se assemelham aos insetos, tendo rosto de homens quer dizer que possuem inteligência, porém maligna para fazer o mal.
- **Cabelos como de mulheres** Indica um tipo de aparência enganosa, formosa à vista, porém arrasadora.
- **Dentes como leões** São devoradores cruéis que despedaçam a presa. Só não matarão porque não lhes é permitido.
- **Couraças como de ferro** Simboliza sua força e seu poder. Ninguém poderá lhes resistir.
- **Ruídos das asas** São poderosos e rápidos para cumprir sua missão de atormentar os homens
- **Caudas de escorpiões** Capacidade extraordinária de ferir, atormentar, oprimir e trazer dor aos homens.

Quão terrível será para a humanidade passar por tanto sofrimento. Esse relato bíblico parece filme de terror, porém é a pura realidade, os homens não estarão sentados em uma poltrona confortável de cinema comendo pipoca e bebendo refrigerante se deleitando com o horror dos personagens; pelo contrário, estarão vivendo, serão os atores dessa dura realidade. Mas para os que confiam no Senhor, estarão gozando no paraíso. Por isso, vale a pena ser fiel a Jesus enquanto estamos aqui na terra. Ele nos livrará de todo esse tormento.

4.1.6. Sexta Trombeta (Ap 9:13,14)

Uma voz sai do altar e ordena que sejam soltos quatro anjos que estão presos no rio Eufrates. Se eles estavam presos, obviamente são anjos caídos que foram aprisionados e reservados para esse dia. Serão incumbidos de provocar a matança de uma terça parte da humanidade. É mencionado aqui um exército numeroso de duzentos milhões de soldados, provavelmente são milícias de homens comandados (espiritualmente) por demônios. Pode estar em foco aqui uma guerra fenomenal. Muitos comentaristas acreditam que as descrições dos cavalos e cavaleiros podem referir-se a instrumentos bélicos como tanques de guerra, aviões de combate, mísseis e armaduras; porém preferimos entender de forma simbólica, pois fogo, enxofre e fumo representam o juízo divino e é justamente o que está em pauta aqui. Não cremos que João esteja vendo armas literais, embora possa estar representado aqui um fabuloso exército que sai para a peleja. No entanto, apesar de tudo isso, os homens não se arrependem e, com isso, a ira de Deus continua sendo derramada.

4.1.7. Sétima Trombeta (Ap 11:15)

O sétimo anjo foi impedido por certo tempo de tocar sua trombeta. Nesse ínterim, um livrinho foi dado a João para que ele comesse e, na sua boca, era doce como mel, mas no estômago era amargo. Isso significa que sua mensagem seria de restauração da herança do povo de Deus, mas quando contemplava as cenas de sangue, angústia e sofrimentos que vinham sobre a terra sentia amargor de fel no seu interior. Essa trombeta fecha o juízo das trombetas. Anuncia que o mundo tornou-se o reino de Cristo. O que virá agora é o derramar das sete taças da ira de Deus que culminará com a volta de Cristo para implantar de vez seu reino. Será o fracasso completo de Satanás e de seus exércitos.

Cremos que as taças sejam visões diferentes de um mesmo juízo ou a complementação desses, pois elas se assemelham muito às trombetas. Vem agora a parte final e complementar dos juízos do Senhor, as taças cheias de sua ira.

4.2. As Sete Taças

Finalmente, chegamos à última parte dos juízos do Divino: as taças de sua ira. Esses julgamentos são rápidos e sucessivos. São castigos severos e intensos que assinalam a volta de Cristo e a destruição dos inimigos; o Anticristo e o Falso Profeta são lançados no lago de fogo e Satanás será amarrado por mil anos. Aqui já não há mais oportunidade para arrependimento e nem como se esconder, todos serão atingidos.

Enquanto os selos representam a abertura dos conselhos de Deus, as trombetas representam o seu juízo e as taças são o derramamento de sua ira.

> *"E ouvi, vinda do templo, uma grande voz, que dizia aos sete*
> *anjos: Ide, e derramai sobre a terra as sete salvas da ira de Deus."*
> (Ap 16:1)

4.2.1. Primeira Taça

Os primeiros a serem atingidos são os homens que tinham o sinal da besta e que a adoravam. Uma chaga cruel e maligna semelhante a úlceras virá sobre eles e causará imensurável sofrimento. Essa praga é semelhante a uma das pragas do Egito (Ex 9:8-11).

> *"E foi o primeiro e derramou a sua taça sobre a terra, e fez-se*
> *uma chaga má e maligna nos homens que tinham o sinal da besta*
> *e que adoravam a sua imagem."* (Ap 16:2)

4.2.2. Segunda Taça

O mar é atingido e não somente a terça parte, mas por completo e toda alma vivente morreu. Ele se torna em sangue impossibilitando a vida; uma grande parte da criação é destruída e com isso os alimentos se tornam escassos. As inumeráveis bilhões de criaturas no mar morrerão e ficarão boiando em sangue – uma horrenda massa de corrupção apodrecendo, em testemunho da ainda mais horrenda massa dos homens, que se desfaz na corrupção do pecado e vício.

> *"E o segundo anjo derramou a sua taça no mar, que se tornou em*
> *sangue como de um morto, e morreu no mar toda alma vivente."*
> (Ap 16:3)

4.2.3. Terceira Taça

Deus derramará a Sua santa ira, dando sangue a beber aos que derramaram o sangue dos santos. Será uma das mais horrendas pragas.

São atingidos os rios, as fontes de água. Deus começa a fechar o cerco sobre os ímpios e seguidores do Anticristo. Haverá grande mortandade, pois não terá água potável, essencial à vida humana.

"E o terceiro anjo derramou a sua taça nos rios e nas fontes das águas, e se tornaram em sangue." (Ap 16:4)

4.2.4. Quarta Taça

Esse juízo atinge o sol fazendo seu calor aumentar a ponto de queimar os homens como fogo. Hoje há grande preocupação com os raios dessa estrela maior, pois a exposição a eles pode causar doenças perigosíssimas como câncer de pele. Imaginemos o que não fará nesses dias em que sua potência aumentará; cremos que a camada de ozônio será destruída e não haverá nenhuma proteção. O sofrimento será intenso, pois na taça anterior não existirá mais água para beber, some-se a isso um calor infernal. Mesmo diante desse flagelo, os seguidores da Besta não se arrependerão.

"E o quarto anjo derramou a sua taça sobre o sol, e foi-lhe permitido que abrasasse os homens com fogo." (Ap 16:8)

4.2.5. Quinta Taça

Essa taça começará trazendo confusão para o reinado do Anticristo. A Besta e o seu trono entram em desespero. O Senhor põe a Sua pesada mão sobre o governo da Besta e abala sua estrutura. Mesmo assim não há arrependimento e blasfemam de Deus.

"E o quinto anjo derramou a sua taça sobre o trono da besta, e o seu reino se fez tenebroso; e eles mordiam as suas línguas de dor." (Ap 16:10)

4.2.6. Sexta Taça

O grande rio Eufrates, com 2.165 quilômetros de comprimento, de 3 a 10 metros de profundidade e 200 a 400 metros de largura, vai secar. Tornar-se-á no grande palco para o ajuntamento da última batalha. Aparece a trindade satânica: o Dragão, o Anticristo e o Falso Profeta, de cuja boca saem três espíritos malignos representados por rãs. A missão deles é enganar e arregimentar reis de todo o mundo para a batalha decisiva contra o Senhor. Essa guerra é predita em Salmos 2:2-4: ***"Os reis da terra tomam posição e os governantes conspiram unidos contra o Senhor e o seu ungido."*** (Sl 2:2).

O rio Eufrates secará no período da Grande Tribulação. Esse rio é especial como fronteira; ele nasce nas montanhas da Armênia e desemboca no Golfo Pérsico formando uma fronteira natural e protetora entre Israel e os povos a leste.

> *"E o sexto anjo derramou a sua taça sobre o grande rio Eufrates; e a sua água secou-se, para que ser preparasse o caminho dos reis do oriente."* (Ap 16:12)

4.2.7. Sétima Taça

Será o último juízo da ira de Deus contra o Anticristo e seus súditos na terra. Haverá o maior terremoto de todos os séculos. A terra toda sentirá o abalo. É impossível imaginar o caos da terra com todas as cidades em ruínas e grandes pedras de peso com mais de 25 quilos caindo do céu sobre os homens. Ocorrerá também a destruição final do poder mundial representado por Babilônia. Uma grande voz se ouve dizendo: "Está feito". Aqui o palco para a batalha do Armagedon está preparado.

> *"Os intérpretes futuristas entendem que as taças representam convulsões literais da natureza e as calamidades que sobrevirão ao império confederado do Anticristo, e terão como ápice uma batalha literal em Megido, o histórico campo de batalha da Palestina. O terremoto será literal, e as pedras de granizo de 35 kg também serão literais. Imagine o que semelhante tempestade causará às modernas máquinas de guerra, por mais sofisticadas que sejam? Não é interessante que Deus empregou o granizo no último castigo terrestre? O apedrejamento era o castigo veterotestamentário dos blasfemos! (Lv 24.16)"[2]*

Assim mesmo, os homens continuam blasfemando de Deus. Parece que quanto maior a praga, tanto mais raivosas são as blasfêmias dos homens endurecidos.

> *"E o sétimo anjo derramou a sua taça no ar, e saiu grande voz do templo do céu, do trono, dizendo: Está feito. E houve vozes, e trovões, e relâmpagos, e um grande terremoto, como nunca tinha havido desde que há homens sobre a terra; tal foi este tão grande terremoto."* (Ap 16:17,18)

---

2 Henry Halley Hampton – Manual Bíblico de Halley, ed. Vida, pg. 756

Conclusão: A vontade de Deus é soberana no céu, na terra e debaixo da terra. Os selos quebrados revelam seu conselho; as Trombetas anunciam seus juízos e as Taças trazem a sua ira sobre todos os que se levantam contra Ele e seu povo. Tanto sofrimento pelos flagelos e mesmo assim não há arrependimento nos homens. Os blasfemadores continuam com suas zombarias e recebem em si mesmos o justo castigo pela sua impiedade. Porém, os salvos jubilam e glorificam ao Cordeiro de Deus, Jesus.

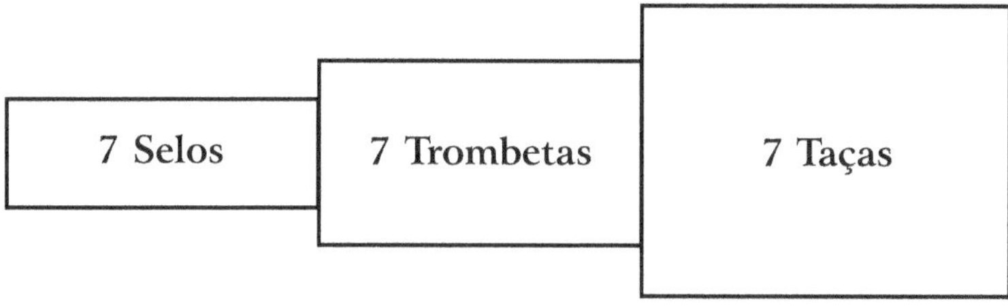

Questão para Reflexão

Ao passar por esse capítulo, ficamos admirados por causa da força e implacável ira de Deus que é derramada sobre a humanidade pecadora e sem arrependimento e sobre o grande inimigo. Saber sobre esses acontecimentos do fim ajuda na caminhada cristã e no fortalecimento da fé? De que maneira?

O Reino Milenar, O Juízo Final e A Eternidade

O futuro é algo que fascina e causa grande expectativa; ele se refere a acontecimentos que ainda não se concretizaram, mas que se tornarão realidade, acreditam. A Palavra de Deus fala de futuro desde o seu início até o fim. No livro do Apocalipse, está o ápice da futurologia; ela descreve fatos que se desenrolarão em tempos ulteriores. Todo esse trabalho tem a ver com realizações do amanhã. Até aqui estudamos sobre arrebatamento da Igreja, morte e ressurreição, Tribunal de Cristo, Bodas do Cordeiro e o tratamento de Deus para com a humanidade e o seu povo de Israel. A partir de agora, neste capítulo final, abordaremos tratados sobre o desfecho final da Escatologia. Para tanto, dividiremos este capítulo em quatro partes, a saber: A Batalha do Armagedon, o período do reino milenar, o Juízo Final e a Eternidade.

5.1. O Fim da Grande Tribulação

Esse período de aflição se dará na septuagésima semana de Daniel. Como vimos nos capítulos anteriores dessa unidade, será o grande "Dia do Senhor", a terra toda receberá o justo castigo por sua impiedade diante do Altíssimo. O tempo da Grande Tribulação será de muita feitiçaria e operações sobrenaturais sobre o mundo, pois Satanás agirá através do Anticristo e do Falso Profeta usando de sinais e prodígios da mentira para enganar a população mundial e seus líderes. Com a proximidade da vinda do Senhor, a trindade satânica reunirá todos os exércitos da terra para guerrear contra Ele.

Essa guerra é chamada de a Batalha do Armagedon, quando Jesus derrotará de vez os inimigos com o propósito de inaugurar uma nova era nesta terra. A seguir, veremos alguns pontos importantes que nos ajudarão a entender essa peleja.

1. **Significado**: "Armagedon", palavra que tem base no hebraico, "Har-megedom", significa "monte de Megido". Megido ou Esdrelon é uma planície de Israel, localizada em Samaria, na Palestina, também chamado nas Escrituras Hebraicas de "vale da decisão" (segundo Joel 3:14), ou "vale de Jeosafá" (Joel 3:2). O mais certo é que se refere ao Carmelo, já que ao pé desse monte está toda a planície de Megido, um local onde os exércitos se preparavam para guerrear. No passado, esse vale foi palco de batalhas sangrentas. Nesse campo de guerra, Gideão e seus trezentos derrotaram os midianitas, o rei Saul fora batido pelos filisteus, Baraque e Débora venceram as hostes do rei cananeu Jabim, Acazias morreu pelas setas de Jeú, Faraó Neco desbaratou a Josias, e no futuro será travada, nesse local, a maior batalha campal de todos os tempos.

2. **Duração**: Ela terá início na segunda metade da Grande Tribulação, já no final desse período, portanto será uma guerra de curta duração.

3. **Propósito**: Essa guerra travada tem um só objetivo por parte do inimigo: a destruição do povo judeu que, aliás, vem sendo tentado há milênios. Nesse fatídico dia, as nações e seus governantes serão seduzidos e enganados pelo Diabo que, pelo Anticristo e o Falso Profeta, conseguirá levá-los a uma rebelião contra Deus e ódio ao povo israelita. Três espíritos em forma de rã saem da boca da tríade satânica, um exército numeroso é arregimentado e sai em confronto com o povo de Deus. Israel, embora se defenda, não terá condições de vencer um exército dessa magnitude; quando então estiverem acuados e sem esperança, clamaram pelo Messias salvador e, para surpresa deles, o desejado é o Senhor Jesus, a quem nunca aceitaram como o Ungido.

4. **Resultado**: O exército inimigo será aniquilado. O Anticristo e o Falso Profeta serão lançados vivos no Lago de Fogo. O Dragão, Satanás, será preso e acorrentado por mil anos. O inimigo será derrotado por Jesus com o sopro que sai da sua boca. As nações serão julgadas pelo Senhor Jesus no final dessa batalha.

"Então vi três espíritos imundos, semelhantes a rãs, saírem da boca do dragão, da boca da besta e da boca do falso profeta. São espíritos de demônios, que operam sinais, e vão ao encontro dos reis de todo o mundo, a fim de congregá-los para a batalha, naquele grande dia do Deus Todo-Poderoso... Então congregaram os reis no lugar que em hebraico se chama Armagedon." (Ap 16:13,14 e16)

"E vi a besta, e os reis da terra, e os seus exércitos reunidos, para fazerem guerra àquele que estava assentado sobre o cavalo, e ao seu exército. E a besta foi presa, e com ela o falso profeta, que diante dela fizera os sinais, com que enganou os que receberam o sinal da besta, e adoraram a sua imagem. Estes dois foram lançados vivos no ardente lago de fogo e enxofre. E os demais foram mortos com a espada que saía da boca do que estava assentado sobre o cavalo, e todas as aves se fartaram das suas carnes." (Ap 19:19-21)

Alguns chamam esse período de "Batalha Final" ou a "última Batalha", porém isso não é verdade. Haverá ainda uma outra guerra, que acontecerá no final do reino milenar. Algo inusitado acontecerá no Armagedon, todas as nações da terra comparecerão perante o Senhor Jesus para serem por Ele julgadas. Isso se dará no que chamamos de o "Julgamento das Nações".

5.1.1. O Julgamento das Nações: Para compreendermos melhor esse juízo, reportamo-nos ao capítulo 25 de Mateus, no qual é mencionado que na vinda de Jesus em glória com os seus santos, as nações, depois da Batalha do Armagedon, serão reunidas diante dele no Vale de Josafá e serão divididas da seguinte maneira: nações-ovelha à sua direita; nações-bode à sua esquerda e os "irmãos", que com certeza se refere ao povo judeu. Nesse julgamento, o fiel da balança será o modo como as nações trataram e se relacionaram com Israel, no período da Grande Tribulação. Aqueles que não aderiram ao Anticristo e reconheceram o povo de Deus como herança dele, serão considerados ovelhas e, portanto, terão direito a entrar no Milênio e desfrutar desse período de governo teocrático. Quanto aos demais, que se aliaram ao inimigo e perseguiram Israel, ou consentiram com a destruição dele, serão impedidos de fazer parte desse reino milenar, restando a eles o castigo eterno. Não podemos confundir esse julgamento com o juízo do Grande Trono Branco. Vejamos a diferença entre eles:

JULGAMENTO DAS NAÇÕES	JULGAMENTO DO GRANDE TRONO BRANCO
Os vivos serão julgados	Os mortos serão trazidos a juízo
Ocorrerá na terra	Ocorrerá fora da terra
Será antes do Milênio	Será depois do Milênio
Julgamento coletivo	Julgamento Individual

"E, quando o Filho do Homem vier e sua glória, e todos os santos anjos, com ele, então, se assentará no trono da sua glória; e todas as nações serão reunidas diante dele, e apartará uns dos outros, como o pastor aparta dos bodes as ovelhas. E porá as ovelhas à sua direita, mas os bodes à esquerda." (Mt 25:31-33).

5.2. O Reino Milenar

Como foi visto no ponto anterior, com a volta de Cristo a esta terra, no final da Grande Tribulação, na Batalha do Armagedon, o povo judeu é milagrosamente salvo da destruição pelo poder do Messias, Jesus. Nesse momento, todos os inimigos são lançados por terra e a grande Babilônia, a meretriz que seduzia as nações, caiu e com ela os seus aliados que dia e noite se embriagavam com sua prostituição. Depois que as nações são julgadas, o restante que sobreviveu entra para um período da história, juntamente com Israel, chamado de Milênio.

O termo "millenium" vem do latim "Mille" e "annus" e significa mil anos. Na Bíblia, não encontramos dessa maneira, mas no livro do Apocalipse há menção de um período de mil anos (Ap. 20:2-7) e recebe também a denominação de "Chiliasm", "Quiliasmo". Teologicamente é a doutrina de que Cristo virá e estabelecerá um reino milenar na terra. Por isso, é considerado o período de mil anos em que Jesus será Rei na Terra. A crença nesse tempo de mil anos de governo do Senhor na terra remonta à época da igreja primitiva. O escritor Thiessen diz o seguinte:

"A Igreja primitiva era pré-milenista. Uma citação de Papias (que morreu em 165 d.C.) foi preservada para nós e é citada por Silver,

*como se segue: "Haverá um milênio após a ressurreição dos mortos,
quanto o reino pessoal de Cristo será estabelecido neste mundo".
Ibid, pág. 61. Policarpo falou de nossa perspectiva de reinarmos
com Cristo e do fato de que os santos julgarão o mundo."*[1]

No início desse tempo milenar, grande parte da população mundial
terá desaparecido como conseqüência do domínio do Anticristo, que é
instrumento direto do Diabo, pelas calamidades oriundas dos selos,
trombetas e taças da ira de Deus e, finalmente, da Batalha do
Armagedon. Só permanecerão aquelas consideradas pelo Senhor como
ovelhas; somente essas entrarão para o Milênio. Haverá três divisões
nessa ocasião: os santos, Israel e as nações.

a) Os santos: são os salvos que compõem a Igreja, a Noiva do Cordeiro. Eles se manifestarão com Cristo no momento em que Ele vier
para salvar Israel. Serão pessoas transformadas, cujos corpos foram
revestidos de glória e poder no momento do arrebatamento e plenitude da Igreja. Esses reinarão com Cristo, ajudando a administrar os reinos e governos desse mundo. Poderão atuar de maneira tremenda, pois
não estarão sujeitos ao tempo e espaço terrenos; locomover-se-ão com
rapidez sem igual; terão capacidade intelectual perfeita, e, portanto,
aptos para governar com sabedoria e justiça; não poderão mais morrer,
serão imortais. Terão papel importante nesse momento da história
humana, principalmente no que diz respeito a Israel. A Bíblia diz que
eles são sacerdotes de Deus e de Cristo (Ap 20:6) e com Ele reinarão
nesses mil anos, portanto podemos afirmar que a Igreja terá participação ativa nesse período ajudando a conduzir a humanidade na adoração a Deus e a viver em paz e harmonia; como sacerdotes, terão a
função de ouvir o povo e auxiliá-lo para que faça a vontade do Senhor
e ouça o que Ele tem a dizer. Essa é a função sacerdotal, guiar o povo
na adoração e serviço ao Altíssimo. Porém, a Palavra não é clara sobre
como será essa atuação: se os salvos serão vistos sempre pelas pessoas,
se poderão se relacionar com elas no âmbito físico e se a sua habitação
será no meio delas. Alguns intérpretes advogam que a Nova Jerusalém,
morada dos santos, estará em algum lugar por sobre a Terra e os salvos
poderão ir e vir, de acordo com suas funções.

---

1 Henry Clarence Thiessen – Palestras em Teologia Sistemática, Editora Batista Regular, pg. 339.

b) Israel: Também os judeus perderão grande parte de sua população; só o remanescente entrará para esse tempo milenar. Quando Cristo vier para salvá-los, reconhecê-lo-ão como o Messias e se lamentarão por não tê-lo compreendido antes. O Espírito do Senhor atuará na vida deles e haverá comoção nacional, choro, pranto e súplica. Deus os atenderá, e a nação, que é considerada pelo próprio Senhor como a menina dos seus olhos, entrará para o Milênio como cabeça e não como cauda. Será um tempo maravilhoso para os judeus. Todas as promessas feitas a eles, que não se cumprirão no passado, por causa da dureza de seus corações, cumprem-se agora nesse período. Tornar-se-ão a nação líder do mundo. Toda a terra Prometida será deles e nada será deixado para trás. Alguns comentaristas afirmam que nesse tempo voltarão os sacrifícios de animais, porém não para salvação ou perdão de pecados, mas apenas como memorial e celebração do sangue do Cordeiro de Deus que foi derramado para remissão dos pecados.

c) As Nações: Os povos que foram considerados como ovelhas terão o privilégio de entrar para o Milênio, em consideração ao tratamento dado a Israel no período tribulacional. Será uma população reduzida, mas que viverá tempos de paz tal qual nunca houve nesta terra. Como a sede do governo será em Jerusalém, esses povos irão à Terra Santa, não como turistas, mas para adorar ao Rei dos reis e Senhor dos senhores.

"Assim virão muitos povos e poderosas nações, a buscar em Jerusalém ao SENHOR dos Exércitos, e a suplicar o favor do Senhor." (Zc 8.22)

5.2.1. A Forma de Governo

Sem dúvida alguma, será uma Teocracia, "Governo de Deus". O próprio Senhor regerá o mundo através de seu Filho Jesus. Segundo as Escrituras, reinará com "Vara de Ferro", ou seja, com justiça. O mundo passará por um governo que jamais sonhara em passar, onde prevalecerá uma administração justa, que não beneficiará uns poucos em detrimentos de muitos, onde não haverá distinção de classe social, raça, cor, cultura e fisionomia. A sede desse reinado será em Jerusalém, pois a promessa era de que através de Israel sairia um governo de paz e que eles governariam o mundo. Por esse tempo, a Palestina será dividida entre as tribos de Israel.

5.2.2. As Particularidades dessa Ocasião Milenar

Há algumas características do Milênio, que revelam seus propósitos. Vejamos:

• **Restauração da Terra**: Vimos, nos capítulos dos juízos de Deus, que a terra foi duramente castigada e destruída. Porém, nesse período, ela será restaurada. A natureza não estará em conflito com o homem, pelo contrário, favorecerá a ele em tudo. Haverá chuva no tempo certo; não haverá pragas que devastem a plantação; tudo que se plantar dará fruto; enfim, o homem estará em perfeita sintonia com a natureza. Em relação aos animais e às feras, haverá perfeita paz, eles não mais atacarão os homens e também não serão maltratados e destruídos pelo ser humano. Portanto, a era messiânica será caracterizada pela ausência de crueldade, aqui simbolizada pela paz no reino animal.

> *"E morará o lobo com o cordeiro, e o leopardo com o cabrito se deitará, e o bezerro, e o filho de leão, e a nédia ovelha viverão juntos, e um menino pequeno os guiará. A vaca e a ursa pastarão juntas, e seus filhos juntos se deitarão; e o leão comerá palha como o boi. E brincará a criança de peito sobre a toca da áspide, e o já desmamado meterá a mão na cova do basilisco."* (Is 11:6-8)

• **Mundo Espiritual**: A grande mudança ocorrerá por conta da prisão de Satanás. Ele não terá mais liberdade para agir entre os homens, incitando-os ao pecado ao mesmo tempo em que os acusa diante do Senhor. Quando a Bíblia fala que ele será amarrado, certamente se refere não só a este ser maligno, como também a todos os que o acompanham, os demônios. O mundo estará livre de sua influência e maldade, por isso experimentará momentos áureos nunca antes vividos.

• **Conhecimento do Senhor**: Nesse período, haverá uma revelação universal de Cristo; Israel estará incumbida de levar as boas-novas do Evangelho do Reino a todas as gentes; assim, o que não fizeram todo o tempo de sua existência, agora o farão. Portanto, todos conhecerão a Deus e o adorarão.

• **Paraíso Terrestre**: Com a renovação da terra inteira, haverá harmonia entre os homens e as demais criaturas e entre os seres humanos. A paz governará junto com a santidade. Todos prestarão culto ao Senhor e não haverá mais idolatria de espécie alguma. A justiça prevalecerá. Não haverá mais guerras, pelo menos até o final desse período. Nenhuma doença contagiosa, peste ou deformações haverá no ser humano.

• **Progresso da Vida Humana na Terra:** Os homens viverão uma era áurea em todos os seus aspectos: política, social, científica, econômica, tecnológica e espiritual. O mal não terá força na face da terra; com isso a duração da vida humana será aumentada, o homem terá seus anos de vida consideravelmente aumentados, diz-se que o homem de cem anos será considerado jovem. O gênero humano se multiplicará, pois não haverá mulheres estéreis. Consideramos que no final desse tempo, os habitantes da Terra terão se multiplicado sobremaneira.

5.2.3. A Parte Final do Milênio

No fim desse período, por causa da prosperidade que haverá no reinado de Cristo, a população mundial aumentará consideravelmente; por conseqüência, será formada uma nova geração que não viveu os horrores da Grande Tribulação e não sentiu na pele o resultado do governo do Anticristo. Fica evidente que nem todos servirão a Jesus de bom grado, apesar de tantas bênçãos desse reinado. Haverá insatisfação, descrença e desejo de uma vida independente de Deus por parte de muitos. Isso será evidenciado quando Satanás for solto da prisão em que esteve por longos mil anos. Nesse momento, ele sairá pelo mundo, seduzirá as nações e as enganará, conseguindo arregimentar um grande exército para batalhar contra o Senhor. Aqui há menção de Gogue e Magogue, que se referem a uma multidão numerosa guiada por Satanás. O coração do homem é exposto e percebe-se o estado de depravação, pois mesmo estando debaixo das bênçãos do Senhor e gozando de um governo em justiça e paz, rebelar-se-á e ouvirá o inimigo. Porém, essa rebelião será debelada rapidamente, pois Deus enviará fogo do céu que os devorará. Aqui também é marcado o fim absoluto do Diabo; agora não será mais preso por um tempo determinado, mas será lançado no Lago de Fogo, onde será atormentado para sempre.

O fim do Milênio marca o início de outros dois momentos: o juízo do Grande Trono Branco e a Eternidade.

> *"E, acabando-se os mil anos, Satanás será solto da sua prisão e*
> *sairá a enganar as nações que estão sobre os quatro cantos da terra,*
> *Gogue e Magogue, cujo número é como a areia do mar, para as*

ajuntar em batalha. E subiram sobre a largura da terra e cerca-
ram o arraial dos santos e a cidade amada; mas desceu fogo do céu
e os devorou. E o Diabo, que os enganava, foi lançado no lago de
fogo e enxofre, onde está a besta e o falso profeta; e de dia e de noite
serão atormentados para todo o sempre." (Ap 20:7-10)

5.3. O Juízo Final

A Bíblia nos revela três tipos de julgamentos de grande amplitude: dos crentes (Tribunal de Cristo) das Nações (armagedon) e dos ímpios (Trono Branco). Dos dois primeiros já tratamos em capítulos anteriores; o terceiro trabalharemos agora. O julgamento final se dará, depois do Milênio, no instante em que os exércitos inimigos são derrotados e Satanás lançado no Lago de Fogo. Cumprida essa etapa na história humana, inicia-se agora um momento que não tem lugar na esfera da criação de Deus, pois diz a Palavra que ao aparecer o Trono Branco, céu e terra fugiram e não se achou lugar para eles. Dá-se a entender que João foi levado para uma outra esfera, a cena é da criação se afastando e o vidente sendo rapidamente conduzido à presença do Todo-Poderoso. Pode ser que nesse acontecimento ocorra a transformação de tudo, surgindo novos céus e nova terra, porém pode ser apenas uma indicação de que esse juízo será em secreto com Deus. Os elementos que surgem nessa cena retratam os pormenores desse tribunal do Eterno: Trono Branco; os Mortos: Grandes e Pequenos; Abertura de livros e o Livro da Vida; Segunda Morte.

a) O Trono Branco: O Apocalipse diz que o vidente vislumbrou, em seu arrebatamento de sentidos, um grande e alvo trono e um ser, com certeza o Senhor Jesus, assentado nele. Esse trono é uma clara indicação da justiça, paz, majestade e glória de Deus. Isso quer dizer que o julgamento será justo, todos receberão o que merecem. Era comum naquela época, quando havia algum julgamento, que o réu ficasse de frente para o magistrado, de pé ou sentado para receber a sua sentença. Nesse dia de juízo, os mortos sem Cristo estarão ali para serem julgados por aquele que vive e reina para todo o sempre.

b) Os Mortos: A Escritura diz que diante do Juiz Eterno comparecerão todos os mortos, grandes e pequenos. Eles estão ali para serem julgados de acordo com suas obras. Entendemos, por esse texto, que todos os que morreram sem Jesus vão ressuscitar para receber condenação, desde Adão até o fim do Milênio; semelhante ao tribunal de

Cristo onde só comparecerão os salvos para receber galardão. Essa é a chamada "Ressurreição para vergonha e desprezo eterno", em que todos os atos dos homens ímpios serão trazidos à tona, mesmo aqueles mais secretos e tão ocultos que ninguém sabe. Será um quadro muito triste, pois além de terem ficado no estado intermediário por milê-nios aguardando esse dia em tormento, receberão agora o castigo eterno, indo para o lago de fogo e enxofre. A referência a grandes e pe-quenos quer dizer que os poderosos da terra e os menos influentes na socieda-de comparecerão diante do Senhor; não importará sua posi-ção social, sua cor, raça, status, fisionomia, condição financeira, grau de intelectualidade, religiosidade e etc. Alguns estudiosos chegam a pen-sar que os justos que morreram no período milenar estarão presentes para serem julgados, portanto haverá pessoas que serão ab-solvidas, porém isso é muito improvável e a Bíblia não relata nada sobre isso.

c) Abertura dos livros: São mencionados escritos que contêm as obras de cada um, e por eles as pessoas são julgadas. Isso quer dizer que nada deixará de ser revelado, pois tudo está anotado. Como nos dias de hoje, todos os atos de um criminoso são relatados de forma escrita e quando da condenação é lido para todos e, em seguida, o juiz pronuncia a sentença e ordena seu cumprimento. Diante do Todo-Poderoso, todas as ações dos ímpios vêm à tona e, por elas, são con-denados, e somente por Jesus poderiam ser nulas. A Bíblia diz que todos pecaram e por causa disso não possuem em si a glória de Deus. Ninguém conseguirá se justificar; portanto ouvirão do justo Juiz a sua condenação e a voz que dará ordem para que seja executada a sentença. Diz ainda que outro livro será aberto, o Livro da Vida. Nele estão registrados os nomes de todos os salvos em Cristo Jesus. Obvi-amente os nomes daqueles que estiverem nesse julgamento não esta-rão escritos nesse livro.

d) Segunda Morte: A morte não é simplesmente deixar de existir, mas sim a existência fora do que Deus planejou. Deus não tinha o desejo de que o homem vivesse fora do corpo (morte física) e nem que vivesse fora de sua presença (segunda morte). Morte não é aniquila-ção, mas a cessação de um estado presente e início de outro. Enquanto a primeira morte tem a ver com separação entre corpo e alma, a segun-da se refere à separação entre o ser humano e Deus. Não há como mensurar o que seria essa ruptura eterna. O homem foi criado por Deus e para Ele. Sua existência à parte do Senhor é algo inconcebível, portanto cremos que o suplício será terrível. Parece que Jesus sentiu um pouco disso na cruz do calvário, quando pagou sozinho o preço do pecado de todos. Ele clama: *"Deus meu, Deus meu, por que me desamparastes?"* Dá a entender que naquele instante, na eternidade, Jesus sentiu a total ausência de Deus em sua vida. Os pecadores condenados sentirão esse horror por toda a existência eterna. Na segunda morte, eles serão lançados no Lago de Fogo, onde estão o Anticristo, o Falso Profeta e Satanás e de lá jamais sairão.

Findando esse julgamento individual e quando todos tiverem recebido a sentença e tiverem sido lançados no Lago de Fogo, Deus ordenará que a própria morte e o inferno sejam lançados lá. O último inimigo a ser vencido é a morte; aqui se cumpre essa palavra. Não haverá mais morte, nem inferno (Ap 20:11-15).

Os crentes devem louvar e glorificar a Deus por Cristo Jesus, pois não passarão por esse julgamento, estarão livres e gozando da presença do Senhor por toda a eternidade. Por isso, vale a pena o esforço enquanto estiverem nesta terra. A vida humana é de curta duração se comparada à eternidade, por isso a verdadeira vida é lá. O crente deve entender que embora esteja neste mundo, não pertence a ele, e, enquanto aqui estiver, deve-se guardar da influência mundana para que não perca a sua salvação e sofra a condenação eterna.

5.4. A Eternidade

Feitas todas as coisas, todos os inimigos foram aniquilados e o plano eterno de Deus se cumpre através de Cristo. Por certo, será nessa ocasião que Jesus vai entregar o reino a Deus-Pai (I Co 15:24), pois o último inimigo foi vencido: a morte. Thiessen diz o seguinte:

> *"Não há uma brecha entre o Milênio e o estado eterno. As hostes de Satanás não saem vitoriosas em seu ataque; na realidade, nem mesmo é certo que elas cheguem a atacar o acampamento dos santos e a cidade querida. Tudo o que fazem é levantar-se contra eles, quando cai fogo do céu e os consome. Tendo assim chegado ao fim a fase temporal do reino, Cristo o entregará ao Pai."*[2]

Inaugura-se um novo tempo, uma nova era de paz e harmonia entre Deus e suas criaturas. Tudo se fará novo pelo poder do Se-

---

2 Henry Clarence Thiessen – Palestras em Teologia Sistemática, Ed. Batista Regular, pg. 373.

nhor. João vê a aurora do grande e eterno dia. Não haverá mais conflitos, nem tribulação. Não haverá mais pecado e nem tentador. Haverá então doce e eterna paz. Essa harmonia será possível porque haverá "Novo céu e nova Terra" e o estado de pureza na "Nova Jerusalém".

5.4.1. A Nova Criação

A história se encerra. Satanás, seus aliados, todos os ímpios, o inferno e a própria morte estão confinados no ardente lago de fogo. A Igreja glorificada está com Cristo, pois é sua Noiva. Israel recebe a plenitude da bênção de Deus; tudo que estava escrito sobre eles se cumpre. Todos que estiverem vivos agora estão livres do pecado de uma vez por todas. É a vitória final. Os salvos não estarão mais no processo de salvação, de fato, agora, são salvos no sentido mais pleno da palavra. Enquanto nesse estado atual de existência, o salvo viveu três fases na sua salvação: uma se refere ao passado, quando em Cristo foi justificado e livre da pena do pecado; outra ao presente, pela regeneração, livre do poder do pecado por Jesus, e por último liberto da presença do pecado, através da glorificação.

Diante de tamanha bênção, o Senhor Deus, de acordo com seu plano eterno, resolve renovar os céus e a terra. A respeito dessa renovação, não devemos entender que a criação será aniquilada, ou desaparecerá e o Senhor iniciará do nada outro universo. A respeito disso, Frankilin Ferreira diz o seguinte:

> *"Eventos cataclísmicos acompanharão o fim da era atual – eventos que conterão um julgamento divino sobre esta Terra, com todo o seu pecado e imperfeição. Entretanto, rejeitamos o conceito de aniquilamento total em favor do conceito de renovação da criação, pela seguinte razão: tanto em 2Pedro (3:13) como em Apocalipse (21:1), o termo grego utilizado para designar a novidade do novo cosmos não é "neos" mas sim "kainos". A palavra "neos" significa novo em tempo ou origem, enquanto que a palavra "kainos" significa novo em natureza ou em qualidade. A expressão "ouranon kainon kai gen kainen ("novo céu e nova terra", Ap 21:1) significa, portanto, não a emergência de um cosmos totalmente outro, diferente do atual, mas a criação de um universo que, embora tenha sido gloriosamente renovado, está em continuidade com o universo presente."[3]*

Cremos assim que quando a Palavra diz que a terra e os céus passarão, não está indicando o fim da existência, pois a palavra "passarão" no grego é "parerchomai", verbo que indica passagem de um estado para outro, transformação e não aniquilação. Cremos que o Todo-Poderoso renovará a Criação, deixando para trás qualquer resquício daquilo que foi maculado pelo pecado e por Satanás. A indicação é que a terra e o céu serão feitos novos, ou renovados. Isso é confirmado pelas Escrituras Sagradas, sendo que Pedro diz o seguinte:

"Mas o Dia do Senhor virá como o ladrão de noite, no qual os céus passarão com grande estrondo, e os elementos, ardendo, se desfarão, e a terra e as obras que nela há se queimarão. Havendo, pois, de perecer todas estas coisas, que pessoas vos convém ser em santo trato e piedade, aguardando e apressando-vos para a vinda do Dia de Deus, em que os céus, em fogo, se desfarão, e os elementos, ardendo, se fundirão? Mas nós, segundo a sua promessa, aguardamos novos céus e nova terra, em que habita a justiça." (II Pe 3:10-13)

Quando Pedro afirma que os elementos "se desfarão" e "se fundirão" dá a entender que haverá desestruturação e fusão para, então, ocorrer essa reestruturação. Assim poderá se dizer que "as primeiras coisas são passadas... eis que faço novas todas as coisas (Ap 21:4,5)". A preocupação de muitos é saber como os justos estarão imunes a essa transformação universal. É simples, pois corpos glorificados não estarão sujeitos aos elementos da natureza e, mesmo que estivessem, poderiam ser perfeitamente protegidos pela mão poderosa do Senhor, como os três jovens judeus que, mesmo sendo lançados na fornalha aquecida sete vezes, não se queimaram. Crê-se que os justos do Milênio que não morreram serão transformados e preservados desse momento para logo em seguida serem recolocados nessa nova terra, e os que morreram nesse período e se mantiveram na presença do Senhor, ressuscitarão e viverão nesse paraíso terrestre. Fazer parte da Igreja não será possível, pois ela já estará completa nesse instante. Contudo, a Bíblia não é clara sobre isso, mas quando deixa de mencionar sobre esses e adiante se refere a nações que irão de ano em ano adorar ao Senhor na morada

---

3 Franklin Ferreira – Teologia Sistemática: Uma análise Histórica, Bíblica e Apologética para o contexto atual, Ed. Vida Nova, pg. 1080

Celestial onde os santos habitam, fica inferido esse pensamento.

Com essa maravilhosa transformação, algumas coisas deixarão de existir e outras não mais serão sentidas:

• O Mar: não mais existirá nessa nova terra; mar é símbolo de inquietação e rebelião, o que não haverá mais. A referência que se faz à não-existência do mar, no contexto histórico de João, diz respeito ao medo e espanto que os antigos tinham pelos oceanos, pois se acreditava que no meio dele, e nas suas profundezas, escondiam-se monstros terríveis e que era o lugar do domínio das trevas. Isso equivale dizer que nessa recriação não haverá nada que traga medo e perturbação.

• Sofrimento: não haverá mais morte, dor, choro ou qualquer coisa que tire a paz.

• Pecado: foi totalmente aniquilado, não mais existe.

5.4.2. A Nova Jerusalém

O vidente tem uma visão final, maravilhosa e gloriosa. Ele vê a cidade santa, o lar dos remidos, a Jerusalém celestial. João contempla essa cidade descer do céu. Vejamos a sua descrição:

a) Natureza: cremos que o texto retrata uma cidade literal e não simbólica, pois ela tem fundamentos, portas, muralhas e ruas. Porém, sua forma cúbica pode ser somente uma referência ao Santo dos Santos que tinha essa simetria quadrangular. Seria aqui uma clara indicação de que Deus estaria no meio dela, habitando com os seus (Ap 21:3).

b) Estrutura: ela é cercada por um muro grande e alto, adornada com pedras preciosas e irradia a glória do Senhor Deus. Foi medida pelo anjo como um cubo perfeito, sua largura e altura eram de 12.000 estádios, ou seja, 2.414 quilômetros. Ela tem 12 portas com o nome das tribos de Israel e 12 fundamentos com o nome dos apóstolos; quer dizer que tanto a Igreja (formada na sua maioria por gentios) quanto o povo de judeu fará parte dela. Nela corre o rio da vida e nela se encontra a árvore da vida. Não tem sol ou lua, pois a glória de Deus a ilumina. Esses números podem ser simbólicos, mas se referem a um lugar de perfeição onde os escolhidos habitarão.

c) Seus Habitantes: embora se diga que ela é a Noiva do Cordeiro, evidentemente pessoas moram nela (Ap 21:9,10). Essa cidade não tem necessidade de um Templo, pois o próprio Deus e o Cordeiro constituem o seu Templo, o que quer dizer que o Trino Deus habitará ali.

d) Bem-aventurança: é dito que as nações andarão à sua luz. Dá-se a entender que a cidade ficará suspensa sobre a Nova Terra e que os reis da terra trarão para ela sua glória e honra como tributo sagrado e louvor. Fica evidente que a Nova Jerusalém e essa nova Terra não são a mesma coisa, pois João diz que as nações estarão debaixo de sua glória e os poderosos virão até ela prestar homenagens a Deus (Ap 21:24-26). Nela não haverá e nem entrará impureza alguma, pois os que assim procediam foram banidos para fora da presença do Senhor. Cumpre-se a Palavra de Deus que diz: "Eu serei o seu Deus e eles serão o meu povo" (Ap 21:3).

> *"E eu, João, via a Santa Cidade, a nova Jerusalém, que de Deus descia do céu, adereçada como uma esposa ataviada para o seu marido."* (Ap 21:2)

Mencionam-se nações que estarão sobre a terra e dependerão da Nova Jerusalém. Sobre elas há três comentários mais destacados:

1) Afirmam alguns estudiosos que depois da transformação do Universo, os salvos estarão para sempre com o Senhor em uma existência eterna e espiritual. Porém, o Senhor Deus não desistirá de seu plano que é a continuidade da raça humana vivendo no plano material habitando uma terra física. Sendo assim, o Todo-Poderoso criará novamente o ser humano e este povoará uma nova terra, crescerá, multiplicar-se-á e dominará todo o Universo criado pelo Senhor. Os salvos farão o papel dos anjos e auxiliarão as criaturas de Deus no seu desenvolvimento.

2) Os salvos não estarão confinados na Nova Jerusalém, poderão ir e vir à vontade para cumprir a vontade do Senhor. Na Cidade Santa, estarão somente reis e sacerdotes, os demais salvos estarão na nova terra e viverão à luz da cidade santa.

3) Cremos que os justos que sobreviveram no milênio serão preservados na renovação da Terra e terão seus corpos transformados e vida espiritual restaurada; porém quanto á continuidade da raça humana nessa Terra, desenvolvendo e procriando, a Biblia não nos dá base para esse pensamento; há somente especulações sobre esse pormenor.O certo é que todos os justos estarão na eternidade gozando da presença do Senhor e sevindo-O.

Este é, portanto, o destino dos salvos: estarão para todo o sempre na presença de Deus. Não haverá mais barreiras que separam o homem do Senhor. Neste dia, todos O verão face a face. A separação que há hoje entre o mundo físico e o espiritual não haverá mais; céu e terra serão um. Findam-se as visões de João, nada mais é dito ou visto. O que virá depois disso, só o Senhor Deus sabe, mas podemos ter certeza de que os salvos estarão por toda a eternidade cumprindo a vontade do Senhor e aprendendo na sua presença. Da mesma forma que João fecha seus escritos, também terminaremos dizendo: *"Ora, vem, Senhor Jesus"*!

Questão para Reflexão

Diante do quadro apresentado neste capítulo, haverá muita destruição e morte na terra e, posteriormente, o fatídico julgamento final, no qual os ímpios sofrerão condenação. Faça uma reflexão sobre o que você está fazendo para reverter isso na vida das pessoas que estão próximas e não conhecem a Jesus. De que maneira a Igreja local pode ajudar a mudar esse destino?

Conclusão

Chegamos ao final do estudo da Escatologia que, com certeza, é tema relevante para o cristão e a Igreja de uma maneira geral, pois lida com o destino eterno de todos os homens e da própria criação de Deus no seu todo. Essa disciplina foi definida e foram apresentados os sistemas e escolas de interpretação, a história, a metodologia e um apanhado superficial sobre as visões de Daniel, que em muito auxiliam para a compreensão das últimas coisas. Depois analisamos a vinda de Cristo e a importância de estarmos preparados para esse grande dia, que é o marco da vida do crente e estudamos sobre alguns pormenores de quando será essa vinda, qual o tempo em relação à Grande Tribulação e os sinais que apontam para o seu retorno. Em seguida, abordamos temas que preocupam e trazem alívio para o servo de Deus, como o tratado sobre a morte e ressurreição; o Tribunal de Cristo onde os salvos serão julgados pelas suas obras, não para salvação, mas para receberem galardão; as Bodas do Cordeiro, que é uma celebração festiva realizada entre o Senhor Jesus e os salvos. Por fim, fizemos um minucioso estudo sobre a temida Grande Tribulação que envolve o derramar da ira de Deus sobre a terra e a ascensão do homem de Satanás: o Anticristo. Vimos como será a batalha do Armagedon, que prepara o terreno para o reino milenar, onde haverá paz e justiça, pois Cristo estará reinando e o Diabo preso em cadeias. Porém, findando o período do Milênio, o inimigo é solto e novamente engana as nações. Mas Deus destrói todos os inimigos e lança o adversário no lago de fogo. Depois disso, vem o julgamento do Trono Branco e, por fim, a renovação da terra e a comunhão eterna do Senhor Deus e o homem.

Ao prestarmos atenção às palavras desse livro, com certeza, sentiremos mais vontade de servir a Cristo e estar sempre em sua presença, não por medo de ir para o inferno, mas por ver quão maravilhoso será estar com Ele por toda a eternidade e desfrutar de tudo aquilo que Ele tem preparado para os que o amam e lhe obedecem.

"Aquele que testifica estas coisas diz: Certamente, cedo venho. Amém!" (Ap 22:20)

Exercícios

<hr>

UNIDADE I – ESCATOLOGIA: DOUTRINA E INTERPRETAÇÃO

Capítulo 1
A Doutrina da Escatologia.

Coloque V para verdadeiro e F para falso.
1– ( ) Acontecimentos relacionados ao tempo do fim e o conhecimento sobre o futuro atiça o imaginário das pessoas.
2– ( ) Esse desejo de conhecer o futuro se restringe aos tempos modernos
3– ( ) Escatologia significa: "Tratado ou estudo a respeito das últimas coisas".
4– ( ) A maior preocupação do ensino escatológico é fornecer a correta interpretação das narrações proféticas.
5– ( ) Nenhuma predição bíblica escatológicas se cumpriram.
6– ( ) O ponto central da Escatologia é o povo de Israel.
7– ( ) Para concretizar o plano de salvação eterna, Jesus, o Messias, é apresentado com um tríplice ministério: Rei, Profeta e Sacerdote.

Capítulo 2
Aspectos Históricos: Diacronia Escatológica.

Assinale a alternativa correta.

1 – A Escatologia se divide em duas naturezas:

a) ( ) individual, refere-se à consumação da história da raça humana pela morte; geral, refere-se ao fim da existência do indivíduo pela morte física.

b) ( ) Na verdade se divide em três naturezas: individual, geral e coletiva.

c) ( ) Individual, refere-se ao fim da existência do indivíduo através da morte; geral, refere-se à consumação da história da raça humana.

2 – Sobre o destino eterno das pessoas:

a) ( ) Só pode ser definido enquanto a pessoa ainda está viva; após a morte não há mais como mudar a realidade final.

b) ( ) Após a morte ainda há uma chance de mudar o destino final da pessoa

c) ( ) O destino eterno independe de a pessoa estar viva ou morta; Deus se encarrega disso.

3 – Sobre a Escatologia Geral:

a) ( ) Está inserida em duas fases: passado e futuro.

b) ( ) Está inserida em três fases: passado, presente e futuro.

c) ( ) Está inserida em uma fase: o futuro.

4 – Sobre a Escatologia de Israel:

a) ( ) Mantêm até hoje a esperança messiânica; pois para eles, o Messias ainda não veio.

b) ( ) Entendem que Jesus é o Messias prometido.

c) ( ) Por não terem crido em Jesus como o Messias, não há nenhuma promessa reservada para eles no futuro.

5 – Sobre a Escatologia da Igreja Primitiva no início:

a) ( ) Aguardavam a vinda de Jesus para buscar a Igreja, já naqueles dias.

b) ( ) Não tinham preocupação nenhuma quanto a vinda de Jesus.

c) ( ) Sabiam perfeitamente que Jesus não viria na época deles.

6 – Sobre a Escatologia no período da Reforma:

a) ( ) A Escatologia era o tema central desse período.

b) ( ) A ênfase não era sobre a doutrina escatológica, mas sim sobre a doutrina da salvação e leitura da Palavra.

c) ( ) Os reformadores não acreditavam na volta de Jesus.

7 – Sobre os grandes avivamentos:

a) ( ) Reavivaram a expectativa sobre a volta iminente de Jesus.

b) ( ) Não deram nenhuma importância para a Escatologia.

c) ( ) Não criam no arrebatamento da Igreja.

Capítulo 3
Técnicas na Análise da Escatologia

Associe a segunda coluna de acordo com a primeira.

1– Método Alegórico

2– Método Literal

3– Método Anagógico

4– Códigos

5– Símbolos

6– Sentido espiritual

7– Sentido real

a) ( ) É o método gramático-histórico, isto é, procura dar sentido literal às palavras.

b) ( ) Proclamar alguma coisa que significa outra apenas para dar entendimento de uma verdade ou ensino.

c) ( ) Acredita-se que em cada palavra ou trecho das Sagradas Escrituras encontram verdades espirituais escondidas.

d) ( ) Alegoria

e) ( ) Literal

f) ( ) Despreza por completo o elemento literal do texto; tudo passa a ser simbólico.

g) ( ) Refere-se à descoberta de uma verdade espiritual oculta em algum texto literal da Biblia

Capítulo 4
O Processo de Interpretação na Escatologia

Associe a Segunda coluna de acordo com a primeira.

1– Advogam que os escritos apocalípticos cumpriram na época em que foram escritos

2– Método mais popular usado por eruditos críticos

3– Os símbolos são parte integrante de todo o esboço da história da igreja

4– Chamada de interpretação mística ou simbólica

5– Analisam as predições apocalípticas ignorando os atos históricos Inerentes à época em que foram escritos.

6– Cautelosos quanto à interpretação das predições

7– Todo o Apocalipse é material preditivo.

a) ( ) Preterismo
b) ( ) Histórica
c) ( ) Moderados
d) ( ) Futurista
e) ( ) Idealista
f) ( ) Dispensacionalistas
g) ( ) Preterista

Capítulo 5
As visões do Livro de Daniel e sua Relação com a Escatologia

Coloque (V) para verdadeiro e (F) para falso.

1– ( ) Daniel é chamado na Bíblia de "homem muito amado".

2– ( ) Recebeu um dom de Deus que o capacitava a interpretar textos.

3– ( ) O Rei Nabucodonosor na sua visão contemplou uma estátua de ouro, prata, bronze, ferro e barro.

4– ( ) A Cabeça de Ouro referia-se ao Império Grego

5– ( ) A Interpretação do sonho do rei mostra que Deus é o Senhor da História.

6– ( ) O livro de Daniel fala muito sobre o Messias e quase nada sobre o Anticristo.

7– ( ) As Setenta semanas de Daniel, são na verdade setenta semanas de anos e não de dias..

UNIDADE II – O ARREBATAMENTO DA IGREJA

Capítulo 1
Sistemas de Interpretação

Coloque V para verdadeiro e F para falso.
1– ( ) A Escatologia, até o segundo século da era cristã, ocupava lugar de destaque nos ensinos da Igreja.
2– ( ) Sistema de Interpretação Amilenista: acredita que haverá um período literal de mil anos.
3– ( ) Pós-Milenista: advoga que após a manifestação de Jesus se dará o julgamento dos vivos e dos mortos e em seguida a implantação de um novo sistema na eternidade.
4– ( ) Pré-Milenista: Jesus virá outra vez a essa terra de maneira visível, antes da implantação do Milênio.
5– ( ) Pré-Milenismo Histórico: Não há distinção extrema entre a Igreja e Israel.
6– ( ) Pré-Milenismo Dispensacionalista: Não Há distinção entre Israel e a Igreja.
7– ( ) Os intérpretes amilenistas interpretam o texto escatológico simbolicamente, sendo assim não crêem que os mil anos sejam números exatos.

Capítulo 2
Pré-Milenismo: Discussão Sobre a Época do Arrebatamento

Assinale a alternativa correta.
1 – O Pré-Milenismo apresenta :
a) ( ) Duas opiniões distintas: Pré-tribulacionismo e Pós-tribulacionismo.
b) ( ) Três opiniões distintas: Pré-tribulacionismo, Pós-tribulacionismo e Mid-tribulacionismo.
d) ( ) Apenas uma opinião: o Pré-tribulacionismo.

2 – Sobre o Pré-Tribulacionismo:
a) ( ) Opinião clássica, aceita principalmente pelos "pentecostais".
b) ( ) Opinião clássica, aceita principalmente pelos "tradicionais".
c) ( ) Opinião clássica, aceita principalmente pelos "pentecostais" e "Tradicionais"

3 – O Pré-Tribulacionismo, crê, sobre o Arrebatamento da Igreja:
a) ( ) Que ocorrerá depois do Milênio
b) ( ) Que ocorrerá no meio da Grande Tribulação.
d) ( ) Que ocorrerá antes da Grande Tribulação.

4 – Sobre o Mid-Tribulacionismo:
a) ( ) O arrebatamento ocorrerá no meio do Milênio
b) ( ) O arrebatamento ocorrerá no meio do período da Graça
c) ( ) O arrebatamento ocorrerá no meio da Grande Tribulação

5 – Sobre o Pós-Tribulacionismo:
a) ( ) A Igreja será arrebatada após a Grande Tribulação
b) ( ) A Igreja será arrebatada após o Milênio
c) ( ) A Igreja será arrebatada antes da Grande Tribulação

6 – A posição mais aceita no meio cristão,principalmente entre os conservadores é:
a) ( ) Pré-Milenista e pós-tribulacionista
b) ( ) Pré-Milenista e pré-tribulacionista
c) ( ) Pré-Milenista e Mid-tribulacionista

7 – O espaço de tempo entre a morte de Cristo e a última semana de Daniel é chamado:
a) ( ) "A plenitude dos gentios"
b) ( ) "A plenitude de Israel"
c) ( ) "A plenitude das nações"

Capítulo 3
A Promessa de Sua Vinda

Associe a segunda coluna de acordo com a primeira.

1– Messias

2– Judeus e Gentios

3– Tempo da Graça

4– Tempo dos Gentios

5– A doutrina das "Últimas coisas"

6– Movimento Pentecostal

7– Teologias de Prosperidade

a) ( ) Um só povo chamado de: Noiva do Cordeiro, Sacerdócio Real, Povo Adquirido e Igreja

b) ( ) Voltou com força total e a ser esperada com certa expectação.

c) ( ) Os judeus não perceberam e rejeitaram sua pre-
sença

d) ( ) O "ter" sobrepuja em tudo o "ser".

e) ( ) Período que já dura mais
de dois mil anos.

f) ( ) Começa quando o Ungido é tirado.

g) ( ) Ênfase nos dons do Espírito e na "Volta de Jesus".

Capítulo 4
O Arrebatamento

Associe a Segunda coluna de acordo com a primeira.

1– Retorno de Cristo a esta terra de forma visível

2– Refere-se ao momento em que Cristo manifestará nas nuvens do céu e só os salvos o verão.

3– Fenômeno sobrenatural em que os salvos são conduzidos pelo Espírito ao encontro de Jesus nos ares

4– Instante em que Cristo voltará a essa terra pessoalmente e todo o verão.

5– Chamamento para que os salvos se reúnam e vão ao encontro do Senhor

6– Com a retirada da Igreja iniciará um período em que a ira de Deus será derramada na terra.

7– Haverá grande espanto, muitas interrogações e desespero total.

a) ( ) Arrebatamento

b) ( ) Segunda fase da vinda de Cristo

c) ( ) Parousia

d) ( ) Grande Tribulação

e) ( ) Para os incrédulos.

f) ( ) Primeira fase da vinda de Cristo

g) ( ) Toque da Trombeta

Capítulo 5
Sinais que antecedem a Vinda de Cristo

Coloque (V) para verdadeiro e (F) para falso.

1– ( ) O maior acontecimento que está para vir é o arrebatamento da Igreja e a manifestação visível de Cristo nesta terra.

2– ( ) Com os sinais podemos saber com precisão o dia e a hora do arrebatamento

3– ( ) O plano de Deus para Israel não foi anulado, houve apenas um adiamento.

4– ( ) Os acontecimentos atuais demonstram que Cristo demorará muito para voltar.

5– ( ) Para os que professam a fé em Jesus não é necessário conhecer o tempo presente, basta somente orar e jejuar.

6– ( ) Julgar os crentes no seu Tribunal para galardoá-los e recompensá-los faz parte de um dos propósitos da vinda do Senhor.

7– ( ) Com o arrebatamento da Igreja inicia-se nessa terra o período chamado de "O Milênio".

UNIDADE III – A VITÓRIA FINAL DA IGREJA

Capítulo 1
Tratados sobre a Morte

Coloque V para verdadeiro e F para falso.

1– ( ) Morte e ressurreição não são temas importantes para o ser humano.

2– ( ) O homem é um ser tricotômico, constituído de corpo, alma e espírito.

3– ( ) Morte no grego é "maweth" e no hebraico é "thanatos".

4– ( ) Num sentido mais restrito, morte é a cessação do processo vital de um organismo vivo.

5– ( ) A morte escolhe suas vítimas de acordo com sua posição financeira, cor, sexo, raça, patente ou relgião.

6– ( ) A Morte tem duplo aspecto, ela é biológica e espiritual.

7– ( ) A morte é um ser real e inteligente.

Capítulo 2
Tratados sobre a Ressurreição

Assinale a alternativa correta.

1 – Ressurreição
a) (　) Doutrina fundamental da Torah
b) (　) Doutrina fundamental da Palavra de Deus
c) (　) Doutrina fundamental do judaismo

2 – Considerado o capítulo da ressurreição:
a) (　) I Co 13
b) (　) I Co 14
c) (　) I Co 15

3 – A respeito do corpo do salvo na ressurreição
a) (　) Será transformado para sermos anjos de Deus no céu.
b) (　) Será revestido de glória semelhante ao de Cristo
c) (　) Os crentes serão pequenos deuses.

4 – Sobre a Primeira Ressurreição:
a) (　) Abrange todos os salvos e justos desde a morte de Cristo até fim da Grande Tribulação
b) (　) Abrange todos os ímpios desde Adão até o Milênio
c) (　) Abrange todos os salvos e justos desde Adão até o fim da Grande Tribulação.

5 – A Segunda Ressurreição:
a) (　) Abrangerá todos os mortos, de todos os tempos, desde Adão até o final de tudo.
b) (　) Será antes do Milênio
c) (　) Será para glória eterna.

6 – Sobre as "primícias" a Bíblia diz o seguinte
a) (　) A Igreja é a primícia dos que dormem no Senhor
b) (　) Cristo é a primícia dos que dormem no Senhor.
c) (　) Os judeus são as primícias dos que dormem no Senhor.

Capítulo 3
O Destino dos Salvos e dos Impios

Assinale a alternativa correta.

1 – Sobre os espíritos desencarnados
a) ( ) Estão dormindo o sono da alma
b) ( ) Não estão dormindo, mas sim aniquilados.
c) ( ) Não estão dormindo, mas sim conscientes.

2 – Propagam que no final Deus levará todos para o céu e não deixará ninguém no inferno:
a) ( ) Aniquilamento
b) ( ) Universalismo
c) ( ) Romanismo

3 – Crêem na transmigração da alma até atingir a perfeição:
a) ( ) Restauracionismo
b) ( ) Espitismo
c) ( ) Materialismo científico.

4 – Sobre a habitação pós-morte:
a) ( ) É lugar de descanso para todos, tanto justo quanto o ímpio
b) ( ) É lugar de aprendizado para retornar à terra perfeito.
c) ( ) É lugar de punição e sofrimentos indescritíveis, para quem vai ao inferno ou gozo e paz para quem tem o destino para o céu.

5 – Sobre o Paraíso:
a) ( ) Habitação das almas dos justos.
b) ( ) Habitação de almas boas e más que aguardam o juízo.
c) ( ) Lugar de purificação dos espíritos maus.

6 – Sobre o Tártaro:
a) ( ) É o Lago de Fogo
b) ( ) É um lugar fora do Hades
c) ( ) É um lugar dentro do próprio inferno.

7) Geena:
a) ( ) Lago de Fogo
b) ( ) Sepultura
c) ( ) Habitação dos justos.

Capítulo 4
O Julgamento do Crente

Associe a segunda coluna de acordo com a primeira.

1– Julgamento que não está ligado
com o uízo do Trono Branco

2– Significa "degrau", "pódio", "lugar
para receber prêmio"

3– Todas as oportunidades que Jesus
nos deu para fazermos sua obra

4– A conduta moral e espiritual
do crente será posta a prova

5– Elementos da natureza servirão
para provar a obra de cada um

6– Será posto a prova o porquê
de tudo na vida do crente

7– Recompensa, coroa, prêmio

a) ( ) As obras
b) ( ) Pelo fogo.
c) ( ) O Tribunal
    de Cristo
d) ( ) Motivações
e) ( ) "Bema"
f) ( ) Galardão
g) ( ) Natureza da
    espiritualidade

Capítulo 5
As Bodas do Cordeiro e Sua Noiva

Coloque (V) para verdadeiro e (F) para falso.

1– ( ) Após o período de julgamento para receber galardão o crente participará das Bodas do Cordeiro

2– ( ) Em Israel, na celebração de um casamento, era costume as bodas durarem setenta dias.

3– ( ) As Bodas do Cordeiro é o símbolo do casamento entre Cristo e a Igreja

4– ( ) Cristo enquanto nessa terra não demonstrou interesse pela celebração das Bodas.

5– ( ) Todos os seres nos céus são convidados para participar na adoração.

6– ( ) A Igreja é representada como a amiga do Noivo

7– ( ) Os incrédulos participarão dessa grande festa do Cordeiro.

UNIDADE IV – REVELAÇÕES FINAIS E JUÍZOS DE DEUS

CAPÍTULO 1
Período Tribulacional

Coloque V para verdadeiro e F para falso.
1– ( ) A Grande Tribulação é um tempo tal qual nunca houve na história da humanidade.
2– ( ) No Novo Testamento a expressão utilizada para o período da Grande Tribulação é "o dia de Cristo" ou o "dia de Deus".
3– ( ) O período da Grande Tribulação durará três anos e meio.
4– ( ) A Grande Tribulação é dividida em dois períodos de três anos e meio cada um.
5– ( ) Esse período começará logo após o Milênio
6– ( ) A figura do Dragão que aparece é o próprio Diabo.
7– ( ) Os 144.000 são o número dos salvos.

Capítulo 2
O Aparecimento do Homem do Pecado

Assinale a alternativa correta.
1 – Sobre a trindade satânica:
a) ( ) Composta pelo Diabo, o Anticristo e um demônio
b) ( ) Composta pelo Diabo, o Anticristo e um anjo caído
c) ( ) Composta pelo Diabo,o anticristo e o Falso Profeta

2 – O Dragão (Ap 12:13)
a) ( ) Refere-se ao Anticristo
b) ( ) Refere-se ao próprio Satanás
c) ( ) Refere-se ao Falso Profeta

3 – O Anticristo
a) ( ) Será o maior líder político de todos os tempos
b) ( ) Será o maior sacerdote do Diabo
c) ( ) Será o maior demônio vindo do inferno

4 – O Falso Profeta

a) ( ) Líder político a serviço de Satanás

b) ( ) Líder que dominará pela força a humanidade

c) ( ) Líder religioso que atuará a favor do Anticristo

5 – O Anticristo e o Falso Profeta depois da Grande Tribulação:

a) ( ) Serão conduzidos ao Milênio

b) ( ) Serão lançados mortos no Lago de Fogo

c) ( ) Serão lançados vivos no Lago de Fogo

6 – A ação do Anticristo:

a) ( ) Levará o sistema mundial que se opõe a Deus à vitória total.

b) ( ) Levará o sistema mundial que se opõe a Deus à derrota total.

c) ( ) Levará o sistema mundial que se opõe a Deus ao auge não permitindo que Deus o destrua.

7 – São tipos do Anticristo:

a) ( ) Antíoco Epifanes, Nero, Napoleão Bonaparte e o General Tito

b) ( ) Nero, Adolf Hitlher e Fidel

c) ( ) Antíoco Epifanes, Nero, Napoleão, hitlher

Capítulo 3
A Honra Gloriosa do Cordeiro de Deus: Abertura dos Selos

Associe a segunda coluna de acordo com a primeira.

1– Apóstolo João   a) ( ) Refere-se á guerra.

2– Cavalo Branco   b) ( ) Racionamento

3– Cavalo Vermelho   c) ( ) O universo é abalado por de fenômenos naturais.

4– Cavalo Preto   d) ( ) Passa a receber revelações de acontecimentos no cenário celestial

5– Cavalo Amarelo   e) ( ) Silêncio no céu por quase meia hora.

6– Sexto selo   f) ( ) O Anticristo está montado nele.

7– Sétimo Selo   g) ( ) Simboliza a Morte.

Capítulo 4
Trombetas e Taças: Decretos e Ira de Deus

Associe a Segunda coluna de acordo com a Primeira.

1– Saraiva e fogo com sangue lançado sobre a Terra.

2– Um grande monte ardendo em fogo

3– Uma grande estrela chamada Absinto

4– A Terra, o Mar, os rios, o sol, a lua e estrelas são atingidos

5– A partir dessa Trombeta o alvo principal deixa de ser a natureza

6– Anuncio de que o mundo tornou-se o reino de Cristo.

7– Última parte dos juízos divinos

a) ( ) Sétima Trombeta
b) ( ) Terceira Trombeta
c) ( ) Primeira Trombeta
d) ( ) Quarta Trombeta
e) ( ) As Sete Taças
f) ( ) Segunda Trombeta
g) ( ) Quinta Trombeta

Capítulo 5
O Reino Milenar, o Juízo final e a Eternidade

Coloque (V) para verdadeiro e (F) para falso.

1– ( ) A Batalha do Armagedon se dará no final da Grande Tribulação.

2– ( ) Armagedon será uma batalha de longa duração.

3– ( ) As nações serão reunidas diante de Jesus e serão divididas: nações-ovelha à sua direita e nações-bode à sua esquerda.

4– ( ) Na Bíblia encontramos vários menções sobre o Milênio.

5– ( ) Haverá três divisões no Milênio: Os Santos, Israel e as Nações.

6– ( ) No final do Milênio Satanás será amarrado.

7– ( ) A Nova Jerusalém é a cidade santa, o lar dos remidos.

Referências Bibliográficas

BÍBLIA SAGRADA. Versão Revisada. Rio de Janeiro: Imprensa Bíblica Brasileira, 1993.

CHAMPLIN, R.N. *Enciclopédia de Bíblia Teologia e Filosofia.* São Paulo: Hagnos, 2001.

CHAMPLIN, R.N. *O Novo Testamento Interpretado Versículo por Versículo.* São Paulo: Milenium, 2001.

THIESSEN, H. C. *Palestras em Teologia Sistemática.* São Paulo: Batista Regular, 2000.

BOYER, O.S. *Espada Cortante.* Rio de Janeiro: Editora CPAD, 1983.

LANGSTON, A.B. *Esboço de Teologia Sistemática.* Rio de Janeiro: JUERP, 1980.

BERKHOF, L. *Teologia Sistemática.* São Paulo: Luz para o Caminho Publicações, 2001.

GILBERTO, A. *Comentário das profecias*. Rio de Janeiro: CPAD, 2000

CLOUSE, R. G. *Milênio, significado e Interpretação*. Luz para o Caminho Publicações.

HORTON, S. M. *A vitória Final*. Rio de Janeiro: CPAD, 1995.

BLOOMFIELD, A. E. *As Profecias do Apocalipse: A verdade Sobre o Fim do Mundo*. Minas Gerais:Betânia, 1996.

SUMMERS, R. *A Mensagem do Apocalipse: Digno é o Cordeiro*. Rio de Janeiro: JUERP, 1981.

LADD, G. *Apocalipse: Introdução e comentário*. São Paulo:Vida Nova, 2006.

TASKER, R.V.G. *Mateus: Introdução e Comentário*. São Paulo:Vida Nova, 2006.

HOWARD, R. C. O *Tribunal de Cristo*. Rio de Janeiro: CPAD, 1995.

GRUDEN, W. *Teologia Sistemática: Atual e Exaustiva*. São Paulo: Vida Nova, 1999.

FERREIRA, F. *Teologia Sistemática: Uma Análise Histórica, Bíblica e Apologética para o Contexto Atual*. São Paulo: Vida Nova, 2009.